JN175201

アメリカの名門Carleton College発、全米で人気を博した

悩まない心をつくる人生講義

タオイズムの教えを現代に活かす

米比較文学者 カールトン・カレッジ教授
チーグアン・ジャオ［著］

日中翻訳学院
町田 晶［訳］

Do Nothing & Do Everything

日本僑報社

To Litao

The stars of wisdom shine over us.
The winds of humor dance between us.
The seas of knowledge carry us to the land of miracle.

Qiguang

推薦の言葉

元国際連合事務次長　明石 康

私のもっとも敬愛する中国人のひとりが趙啓正氏である。すぐれた物理学者だが上海の副市長や広報担当大臣（国務院新聞弁公室主任）などを歴任し、その見識の高さと中庸な考え方で知られる。日中関係についても、両国の長い相互交流の歴史を忘れることのない誠実な人だ。

趙啓光氏（チーグアン・ジャオ氏の中国語名）は趙啓正氏の弟であり、アメリカの有名大学で長い間教鞭をとり、英語の著作も多い。しかし昨年水泳中の事故で亡くなり惜しまれている。今回日本で出版される本は、趙啓光氏の才能あふれる新鮮で説得力に富むエッセイを集めたものである。彼はアメリカの大学生たちを前に、生と死やアジアの歴史を解りやすい英語で語った。

趙啓光氏の基盤にあるのが老子の思想である。老子は難解といわれるが、趙氏の筆にかかると、日本人にとっても親しみやすい平易な思想家になる。わが国では、聖徳太子の頃から孔子の教えが、老子の思想よりも広く流布されてきた。しかし中国ではそうでもない。私の知る多くの中国人は、堅苦しく感じられる孔子よりも茫漠とした老子に魅かれるようだ。人生をどう生きるかとか、政治について語る孔子よりも、人間を大きく包んでいる自然や地球環境、水などに関連して人生を語る老子の方が、もっと現代人に近く感じられるのだろう。

趙啓光氏の文章は短く、軽やかで徹底的に明るい。人生はたしかに悲劇や不幸に充ちているが、距離をとってみると宇宙の壮大さの中で前向きに生きる意味がわかってくる気がする。澄み切った知性から生まれた老子の哲学が与えてくれるものは多い。

二〇一六年 二月吉日

日本語版の出版によせて

元国務院新聞弁公室主任　趙 啓正

弟、趙啓光がアメリカ、カールトン・カレッジで行なった老子の哲学に関する講義はきわめて独創的なものであり、本書はその講義をもとに執筆された。

弟と私は以前よく次のような話をした。飛躍的な発展を遂げた現代の科学技術と産業は、生活の物質面を著しく向上させたが、モノに恵まれた生活を享受するなかで、心のよりどころを失い言い知れぬ不安を感じている者がいる。幸せな人生とは何だろう。それは身に余る目標を自分に課して無理をすることではない。そんな生き方はあまりに自分に厳しすぎるし、目標をすべて達成しきれないまま終わってしまうだろう。自然もしくは社会の流れに従って行動し、無理のない成功を手に入れる。それこそが健全で楽しい生き方ではないだろうか。道家の開祖老子が提唱したのも、このような無為と無不為のあいだで正しい選択をするという生き方の基本であった。

本書を執筆した目的について、弟は、古代の道家思想（タオイズム）を基本に儒教や仏教などその他の思想も広く取り入れつつ、現代科学も用いながら、悩みのない、より楽観的な生き方へと人を導くことだと語っていた。また弟は、アメリカの若者が道家思想を理解するには、哲学的な言葉で説明するより、生活に密着した挿話を用いる方が有効だと考えていた。このような、空論ではない実生活に根ざした解説法を中国では「地に足をつけた」解説法と言う。

約二五〇〇年前に誕生した老子の教えを現代人が完全に理解するには､どのような方法がよいだろう。それには比較文化研究の視点を借りるのが適切だ。これは弟の専門であり、この手法は本書を他の書とは異なる特徴を有するものとしている。それぞれの章には比較文化の視点が現れている。古今の文化の比較あり、東西の文化の比較あり、また先に述べたような哲学と実生活の融合もあれば、フィクションと現実の対比も認められる。

中国で生まれた『道徳経』は、世界が認める東洋哲学の古典である。西洋人、とくに西洋の若者がこれを理解し、受け入れやすいように、筆者は長期にわたる実験を行った。それは講義という枠に収まるものではなく、すべての受講生に三カ月ものあいだ中国で文化視察を行わせることもした。現代中国語で解説するのも難しい老子の思想を、弟は英語で徹底的に解説し、あわせて外国の学生が楽しんで学べるよう、みずから描いた挿絵を用いて理解の助けとした。そして、このやり方は成功した。

本書の原版は二〇〇九年にアメリカで出版された英語版であるが、その後、中国の海豚出版社が「趙啓光作品シリーズ」(全十巻)の一冊として二〇一二年に中国版を出版、中国でも好評を博した。本書が人気になった理由は、中国の読者にとって外国語の世界からみずからの文化を見るという視点が新鮮で、伝統文化に対する見直しにつながったためだろう。今回出版される運びとなった日本語版も日本の読者に気に入ってもらえればと思う。

今年九月、この書を知りすぐに日本語版「趙啓光作品シリーズ」の出版を決めてくださった日本僑報社編集長の段躍中氏に感謝したい。老子に対し高い見識を有する優れた日本人が多くいるが、中でも次に挙げる両名は中国でも尊敬を集めている。一人はノーベル賞受賞物理学者の湯川秀樹で、「老子は二千年以上も前に現代文明の欠陥を予見し批判した予言者だ。老子は驚くべき洞察力で個人と人類全体がたどる運命を見抜いていた」との言がある。もう一人はパナソニックの創業者松下幸之助だ。パナソニックの構内には老子の銅像があり、台座の石には「道の道とすべきは常(つね)の道にあらず」と彫られている。彼は「経営のコツなど特にない。ただ自然の法則に従って仕事をしているだけだ」と言った。

学術交流のため何度も訪日したことのある趙啓光は、その際に知り合った日本の比較文化の研究者にたいへんな尊敬を寄せていた。事故により弟がこの世を去ってちょうど一年という時期に、日本語版の出版が実現することになった。段躍中氏より筆者の兄である私に依頼があり、本文を記したものであるが、これをもって序に代えたい。

(泳ぎが得意だった弟趙啓光は少年時代に水泳の特訓を受け、大学時代にはしばしば水泳大会で一位を取った。二〇一五年三月十四日、ちょうど六十七歳の誕生日の日、弟はマイアミの海で遊泳中、潮流(rip tide)に巻き込まれ死亡した。)

二〇一五年 大晦日

目次

「道」がどこにあるのか教えてくれる？

序章　ともに道を探して

この本は、私が一九九七年より行なった「タオイストの健康法と長寿法――太極を中心として」という講義がもとになっている。始めた頃はたった六人の受講生しかいなかったが、十五年後その数は十数倍に増え、カールトン・カレッジで一番の人気となった。講義中、私と学生たちはタオイズムの静かで神秘的な空気にどっぷりと浸った――老子とともに青牛にまたがって函谷関を過ぎ、荘子とともに川岸から泳ぐ魚を眺め、列子とともに風にのって進み、キャノン川のほとりで古(いにしえ)の道士張三豊の太極拳を学ぶ。そして二百年後に蓬莱(ほうらい)の島の上、大荒(たいこう)の山のふもとで再会しようと約束する。

キャンパス内の湖に浮かぶ二つの島で、私と学生たちはすっかり打ち解けた。古(いにしえ)の哲学者の前ではいかなるジェネレーションギャップも文化の違いも存在しなかった。『道徳経』第

違う角度からものごとを見てみよう。

一章の言葉がクラス内の暗号になったりもした。ある学生が「道の道とすべきは」と言えば、もう一人が「常の道にあらず」と答える。「名の名とすべきは」と言うと、もう一人が「常の名にあらず」と受ける。二百年後の再会の折には誰が誰だかわからなくなっているかもしれないが、この暗号があればお互いを確認することができる。学生はみな一番最初に覚える中国語の詩としてこの言葉を覚えた。不思議なことに、これまで中国語を話したことがない者ばかりなのに、多くの学生は正確な発音をした。中国語は何年勉強しても正確な発音は難しい。これはもしかして『道徳経』の不思議な力のせいなのだろうか。

　ある年の最後の講義で、数人の学生がタオイストの水への愛を示すために湖に飛び込んで太極拳をしたことがあった。私はこの出来事により、英語版の教材でもアメリカの学生はきちんとタオイズム思想の真髄を理解したことを知り、また、異なる言語間や文化間でもタオイズム思想を伝えられるという確信を得た。思想というのはその発祥地に限定されるものではなく、その思想を楽しみ理解するすべての人のものである。誰でもその中から栄養をくみ取り、教えをもらい、健康と長寿を得ることができる。

講義では『道徳経』のテキストとして次の書を用いた。（注1）

Ellen M. Chen, *The Tao Te Ching: A New Translation With Commentary*, Paragon House, 1989

注1　訳注　本書の日本語版の出版にあたり、『道徳経』の日本語訳は以下の書を参考にした。坂出祥伸・武田秀夫訳『任継愈訳注　老子訳注』東方書店

第一章　現代タオイスト宣言

無為とは、あまり重要でないことはやり過ごし、大事なことに集中すること。

学生　「先生はタオイストですか」

ジャオ　「タオイストと括られるのは好きじゃない。古代タオイズムの思想やその著作はもう歴史的なものだからね。タオイズムの影響を受けてはいるけど、心は縛られていないから自由にはばたける」

学生　「新しいタオイズムの実践って何ですか」

ジャオ　「古代タオイズム思想を見直して、儒教、仏教など他の学説を取り入れ、現代科学も結びつけながら現代人の問題を解決し、夢と現実のあいだ、生と死のあいだ、現在、過去、未来のあいだ、無為と無不為のあいだの精神状態を明らかにしようとすることだよ」

無理に何かをしない無為とすべてを為す無不為。これこそ現代人が生活上のいろいろな問題に対して取るべき態度である。時間の存在と重要性を疑ってみよう。「無」とは「ない」ということであり、「為」とは「行為」という意味である。だから「無為」とは「無理にやらない」または「ことさらに何かをしない」ということであり、「無不為」とは「すべてやる」ということである。否定を意味する「不」にさらに「無」をつければ二重否定となるから、つまりは単純に「為」ということで、「すべてをやる」または「何もやり残さない」という意味を強めている。

「無理に何かをしない」無為とは、自然や宇宙の法則に従うことだ。世の中のすべては宇宙のなかで起こっている。神秘的な自然の法則に従えば毎日が奇跡でいっぱいになる。

無為とは知であり、人生に対し「おまえを信じる、やりたいようにやればよい」と言うようなものだ。無為を習慣にすれば、人生は思わぬ奇跡をかえしてくれる。

無不為（すべてのことを為す）とは、良い習慣を身につける創造的な行為である。人生で出会う初歩的な問題にいちいちわずらわされる必要はない。定まった方程式を用いれば、数学上の問題をいちいち証明などしなくてもいいように、一度習慣にしてしまえばそれで足りるのである。

無為とは謙遜である。誰もが夢を持っていること、すべてのものには持ち主がいること、自然も社会も法則に従っていることを知ることである。無不為とは様々な法則のなかを自由に進む勇気である。

無為とはすべてがうまくまわっていることを知る喜びである。何かをすることを拒むことが無為ではない。余計なことをしないのが無為である。無為とは無駄がないことであり、無不為には欠かせないものである。あまり重要でないことはやり過ごし、大事なことに集中する。無為によってはじめて無不為が可能となるのである。

無為は元気の秘訣、悩みを捨てれば健全な心と体でいろんなことができる。

他人の考えは尊重するが、それを盲目的に受け入れたりはしない。誰しも自分の考えというものがあるのだから、簡単に人の考えに同調したりはしない。

夜空で無心に輝く星々のように、人のことばかり気にせず、人の不幸を喜ばず、人の成功に嫉妬せず、人との格差に怒らない。

人は孤独だ。何か考えたり感じたり、行動するとき、我々と外界のあいだには溝(みぞ)ができる。世界に向かって対話し、耳をかたむけ、観察し、その中に身を置く。しかし、逆巻く波の上にそそり立つ懸崖(けんがい)のように、自分の真ん中につねに「道」を据(す)えよう。ちゃぷちゃぷとしたさざ波にも、ごうごうと荒れ狂う嵐にも、懸崖はびくともしないでいよいよ高さを増す。タオイズムという拠(よ)り所があれば、襲い来る波にも押し返しがたい潮にも静かに応じることができる。

思考を支えるのは肉体であり、その肉体は通常心によってコントロールされている。しかし、肉体は太極拳などの等速運動をすると、生理反応により信号を発し、心を宇宙の運動法則に近づけさせる。

それは雲の中を浮遊し、虹の上を歩くような現実を超えた世界だ。

この世界は新しい考え方や生き方をずっと待ち望んできた。我々が望むのは古(いにしえ)の呼びかけに応える新

古代人に出会う現代人

しい声と新しい癒し、そして言葉を超えたコミュニケーションスタイルだ。

我々は頭でっかちの学者ではない、知識を人生に生かす芸術家だ。古（いにしえ）と現代のあいだのつながりを取り戻そう。机上の空論やくだらないロジックをやり過ごし、忘れられた静かな世界を楽しもう。

広い意味での愛を求めよう。それは恋人に対する愛ではなく、階級や民族に対する愛でもない。宇宙全体に広がるすばらしい概念に対する愛だ。この愛は、この世の試練に立ち向かおうとする人にとっての導き、示唆、支えとなる。健全でバランスのとれた考え方、生き方、応じ方、あり方はここから生まれる。

どのように力を抜き、どのように無為となるかを我々は知っている。なぜなら、はるかかなたの星々が頭上に静かに輝くのも、地球が二十四時間で一回転するのも、みな無為無不為のあらわれだから。宇宙がそうなのだから人も同じだ。我々は、何の迷いもなく無不為を実現する方法を知っている。なぜなら人はこの世を通り過ぎる旅人にすぎないのだから。

第二章　一つの道と思想家たち

我々にも孔子と老子という二人の友がいる。一方だけを選んだのでは満足な人生は得られない。

道徳、仁義、礼節を重んじる儒家思想が文化を主導するなか、思想家たちは各々自らの主張をかかげ、互いに共鳴し合った。

『道徳経』を著した老子は、春秋時代（前七七〇～前四七六年）の孔子とほぼ同時代の人で、楚に生まれ、周王朝の守蔵史（図書を管理する役人）をしていたと伝えられる。しかし実のところ、『道徳経』の作者老子は一人の人間ではなく複数の人間ではないかとも言われている。だが、我々にとって重要なのはその思想内容であり、作者を特定することではない。この点はシェークスピアについても同じことが言える。伝説によれば老子が『道徳経』を著したのは、老子が青牛に後ろ向きに乗り函谷関を過ぎようとしたとき、門番にその哲学思想を書き記すことを勧められたからだという。

紀元前四世紀、荘子は儒家思想を批判し老子の思想に従った。著作の中で荘子は当時流行していた儒家思想と墨家思想を風刺した。老子と荘子はともに道家思想（道教ではなく）の父と見なされている。列子もやはり道家を代表する思想家であり、その学説は荘子にたいへん近い。戦国時代初め（前四七五～前二二一年）の人と考えられるが、現存する著作には後代の学者の思想や作風が多く混入している。孔子（前五五一～前四七九年）は道徳、政治の両面において中国哲学を導いた思想家とたたえられる。戦国時代、孟子（前三七二～前二八九年）は孔子の思想を発展させ体系化した。漢王朝（前二〇六～二二〇年）が儒家思想を正統な道徳および政治思想として据えると儒家思想はしだいに広まり、「学者」がほぼ「儒者」の代名詞となった。孔子も常日頃から「道」を論じたが、この道は老子や荘子の言う「道」とは異なっていた。老子を重んじその思想を高く評価していたものの、孔子の思想は多くの面で道家思想と対立していた。儒家思想は孝、悌、忠、信、礼、義、廉、恥の八つを重んじ、特に「礼」と「義」を強調するが、この点は道家思想と対照的である。

孔子は「論語」で次のように言っている（注1）。

先生は言った。
「ものを教わる、そしてあとから練習する、なんと楽しいことではないか。
友だちが遠くから来てくれる。なんと嬉しいことではないか。

他人が認めないでも気にかけない。なんと立派ではないか」

老子の言葉とくらべてみよう（注2）。

学を絶てば憂いなし。
ハイとイイエ、そんなに違いがあるだろうか。
善と悪、どれ程の違いがあるだろう。
人が恐れるものを恐れることは、ばかげているだろうか。

老子は荘子の二百年前、荘子は今から二千年以上前。
かつて荘子が老子に応えたように、我々も一緒に荘子の言葉に応えよう。

私がやらねば誰がやる。

注1　訳注　論語の引用文は貝塚茂樹訳「論語Ⅰ・Ⅱ」（中公クラシックス二〇〇二年、二〇〇三年）を参考にした。
注2　訳注　『道徳経』第二十章より。

私が望まねば誰が望む。
二千年前の声を聞き
はるか遠くの旗印を見る。
あてもなくぶらぶらと、世間の事などかまわずにただ人生の真理を見るのみ。

次のおもしろい詩は父が教えてくれたものだ。「文革」のころ、父はこの京劇のセリフの一節をよく吟じていた。太刀を手にした賊が、通り過ぎようとする英雄をこう脅しつける。

この道は俺が開いた道、
この木は俺が植えた木、
ここを通りたいのなら
関銭(せきせん)を置いて行け。
いやだとでも言うのなら
俺の刀がだまってないぞ。

英雄は笑って言う。「金を置いて行くのはかまわんが、俺の二人の友が嫌だとよ」

賊は問う。「二人の友？」

英雄は右の拳を上げ「これが一人目」。次に左の拳を振り「これがもう一人」言うやいなや賊が英雄の面前に飛び出し激しい立ち回りが始まる。しかし、最後に勝つのは英雄だ。

我々にも孔子と老子という二人の友がいる。一方だけを選んだのでは満足な人生は得られない。我々は現実的になることも精神性を追い求めることもできるし、覚醒していることも夢見ることもできる。方向性と無方向性、無不為と無為のあいだでバランスを取るのである。

ここを通りたいのなら
関銭を置いて行け。

俺の二人の友が嫌だとよ

最後に勝つのは英雄だ

第三章　「気楽にね」と「気をつけて」

老子は今この時の安心と調和を楽しみ、孔子はこれから起こるかもしれないことを心配する。

儒家思想と道家思想（タオイズム）には、社会的なストレスに対するまるで逆の態度が表れていると言える。儒家は社会的な関係や行動を重視するが、タオイズムはもっと個人主義的でのんびりとし、自然との関わりが強い。

タオイズムと儒家、両者の態度の違いをアメリカ人のある言い回しを借りて説明してみよう。

一九八〇年代初めに渡米し大学院で学びはじめた頃、アメリカのさようならの挨拶が教科書で学んだ英語とは全然違うことに気づいた。私が中国で学んだのは正式なイギリス英語だ。「Cheerio」（失敬）や「Farewell until we meet again」（ごきげんよう）などの改まった言い方まで含め、たくさんの別れの挨拶を学んだ。アメリカで初めて受けた授業の後、先生のところに行き、教科書通りに「Farewell」と言うと先生はほほえんで「Take it easy」（気楽にね）と答えた。私は先生の言葉を字面どおりに受け取り、授業中ガチガチに緊張していた私へのアドバイスなのだと思った。そこで次の授業ではなるべくリラックスし、クラスメートの発言をさえぎって自分の考えを述べるほど大胆な行動も取った。授業が終わるとまた先生のところへ行ってさようならの挨拶をしたのだが、今度の答えはなんと「Take care」（気をつけなさい）。アドバイスではなく注意である。これはきっと私の乱暴なふるまいをたしなめているのだ。あまりに気楽にしすぎてしまった、自分の行動に気をつけなければ。

こうして「Take it easy」（気楽にね）と「Take care」（気をつけて）を何度か経験するうち、私はようやく、これはどちらもアメリカ人の自然なさようならの挨拶であり、アドバイスや注意の意味などまったくないことに気づいた。今、私はこの言葉を聞くとアメリカに来たばかりの頃を思い出し、思わず苦笑してしまう。

この二つの言い方は孔子と老子の相反する哲学と見ることができる。「気をつけて」が儒家であり、「気楽にね」がタオイズムである。

老子は終わりのない悩みの川を離れ、本来の自然に帰ることを勧める。一方、孔子は古典の中に描かれている人物について学ぶことで、善悪、美醜、高低などを見極めることができると考える。しかし老子が語るのは、知識による浅はかな判断をやめること、人に対する品定めをしないこと、欲に縛られないことである。そうすれば無為となって自然なふるまいができるようになり、心は自由となる。

孔子の処世法は自分の言葉やふるまいに「気をつけること」、これに対し老子が言うのは自然に「気

ゆったりと美しい景色を楽しむ。船頭さん、転覆しないでね。

楽にすること」。孔子はこれから起こるかもしれないことを心配し、老子は今この時の安心と調和を楽しむ。孔子にとって人生と名誉は一大事であり、生きることは登山のようなものである。山の上の輝くゴールまでの道のりは険しく歩きにくい。だから後から来る人に「ちゃんと気をつけて！」と注意するのだ。

一方、タオイズムは人生に起こることは自然と考える。自分の心が求めるものを受け入れ、欲を押さえつけず、名誉や利益のためにがんばらない。心のままに人生の道をそぞろ歩き、できるだけ楽しいことでいっぱいにする。個人的な利益や名誉を追いかけなければ悩みや苦しみとは無縁になる。利益や名誉というものは永遠ではない。タオイストは人生という山を登りきると、天を赤く染めるかなたの夕陽を眺め、悠然と別れを告げる。「Take it easy」（気楽にね）と。

第四章　気楽に、でもちゃんと対応する

もし、にっちもさっちもいかない状況なら、とりあえず何もせず現実を受け入れ、それから突破口を探しゆっくりと形勢逆転をはかろう。

儒家思想の影響を受けたタオイストは「気楽に、でもちゃんと対応しよう」と言う。儒学者のようにひたすら慎重になることも、タオイストのようにひたすら気楽にすることもできないのなら、まずは気楽に受け入れ、それからゆったりと事にあたろう。これが一番、無為無不為に近づける方法だ。無為というのはすべての事に消極的になることではなく、何かをするのに自然の流れに逆らわないことだ。まるで、草原に落ちる竹のかげが草の上のちりを掃き取ることがないように、湿地を照らす月の光がそこに何のあとも残さないように。中国には「流れに従い舟を進める」という言葉があるが、これは流れを利用して事にあたるとか、状況を見ながら賢明な判断をするという意味である。

ロナルド・レーガンは年頭の一般教書演説で老子を引用したただひとりのアメリカ大統領だ。

一九八八年、レーガンは老子の「大国を治めるには小魚を煮るようにする」(第六十章)という名言を引用した。小魚を煮る時はなんどもひっくり返してはいけない、長い時間煮すぎてもいけない。同じように、市場にはなるべく介入しない方が経済の発展につながるというのが彼の信条だった。この姿勢は、国外の問題に対しても同じように貫かれた。

ソ連を倒したのはレーガンだと言う人がいる。あの俳優ならではの抑揚ある口調が今もよみがえってくる。「ゴルバチョフ氏よ、この壁を壊しなさい!」その後、ベルリンの壁は崩壊、鉄のカーテンも消滅、アメリカが「唯一の大国」となった。西側はスタンディングオベーションである。「よくやった、ロナルド!」ロナルドとは何者だろう。マジシャン? ソロモンばりの賢者? それとも秦の始皇帝? 彼が「悪の帝国」に使った魔法、人々の敬愛を一身にあつめた知恵、あの手ごわい相手を打ち負かした力とはいったい何だったのだろう。

レーガンを褒めたたえる人たちは「悪の帝国」がなぜ急に崩壊したのか、その過程でレーガンが果たした役割は何だったのか、まったくわかっていない。レーガンはソ連を軍拡競争に引き入れ経済発展を遅らせたなどと解釈している。レーガンが平日の午後、悠々とゴルフを楽しむ一方、十一もの標準時間を持つ大国ソ連は知らず知らずのうちに滅亡へと向かった。実際、両国の軍拡競争はレーガン、ゴルバチョフの時代より前に始まったもので、すでに四十年の歴史があったし、アメリカの歴代大統領はこの競争に勝とうとしてきたのである。この競争に明け暮れた四十年、一方がもう一方を経済的困窮に誘導したなどとは言えないだろう。

ソ連はみずからの重さに耐えきれず解体したのだ。レーガン大統領の魔法、知恵、力とは無為であり、自然にまかせることだ。ソ連を倒すため特に何かをしたわけではない、ただ鍋のなかの魚に火が通るのをのんびり待っていただけだ。ソ連の崩壊は自分自身の原因によるものである。

レーガンが無為だったと言うのは、その名声を貶(おとし)めようとしているわけではない。それどころか、アメリカ人はレーガンに心から感謝するべきだと思う。もし軍事侵攻など何らかの措置を取っていたなら、ソ連は少なくともあと数十年は持ちこたえただろう。ナポレオンもヒトラーも、侵攻によってロシアを征服することは不可能だと気づいていた。実際、そのような行為はロシアをますます強くするだけだろう。三権分立制のアメリカで、大統領が国内でできることは限られているが、国際的には米軍の最高指揮官としてすべての決定権を持つ。もしレーガンがその立場を利用して何かをしようとしたならば、あるいはその権力で何ができるのか試してみたかったならば、侵攻に突き進んだ可能性もあるだろう。大きな権力を手にしたリーダーが、どうすれば流れにまかせることができるのか、どうすれば無為でいられるのかを知らなければ、それは悲劇である。

人はしばしば危機に直面する。しかし「危機」は「チャンス」でもある。世の中は見かけよりもずっと複雑で、どのような状況が自分にとって有利なのか正しく判断するのは不可能だ。どうせ判断できないのなら、現実を受け入れ自然にまかせる方がよい。老子は言う、「災禍には幸福がぴったり寄りそい、幸福には災禍が

流れに従い舟を進める

ひそんでいる」（注1）。もし、にっちもさっちもいかない状況なら、とりあえず何もせず現実を受け入れ、それから突破口を探しゆっくりと形勢逆転をはかろう。それでうまくいけば時間も労力も節約できる。たとえ駄目だったとしても、生兵法で事態をますます悪くしてしまうようなことは少なくとも避けられる。

注1　訳注『道徳経』第五十八章

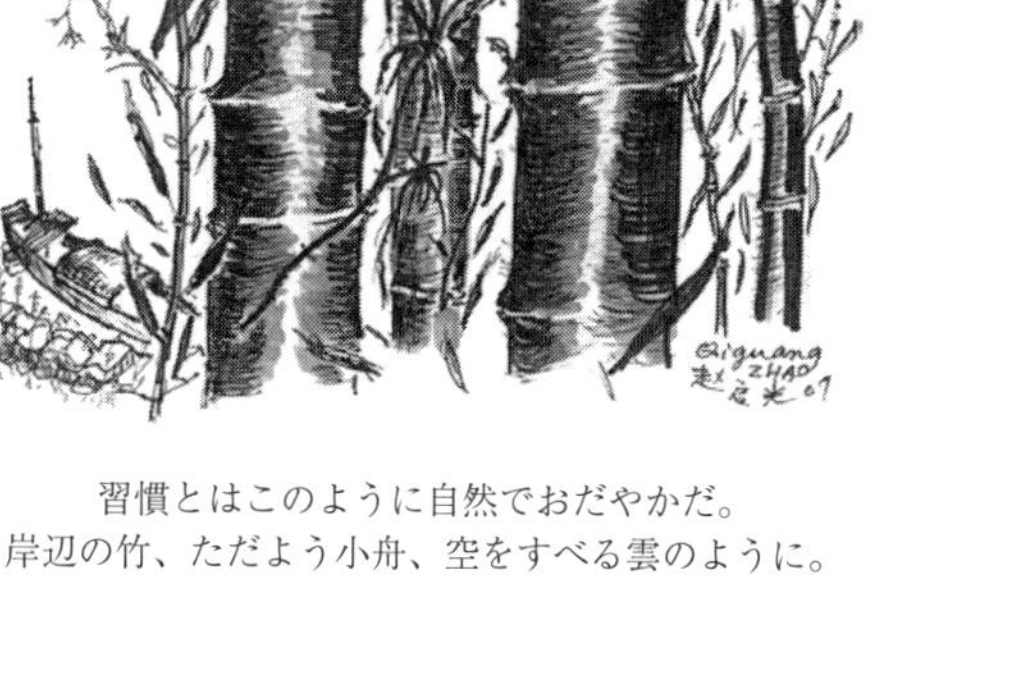

習慣とはこのように自然でおだやかだ。
岸辺の竹、ただよう小舟、空をすべる雲のように。

第五章　無為

無為というのは消極的になって何もしないことではなく、いつ動き、いつ手を引くべきかを知ること。

無為というのはタオイズムの基本哲学である。「無」とは「ない」「しない」、「為」とは「なす」「する」と考えればよい。字面からすれば無為とは「しない」「動きがない」ということになる。なぜ無為なのか。もしいっさい何もするなと言うのなら、我々はいったいどうすればよいのか。

無為とは自然に従うこと、悩みという鎖から自由になり、何でもかんでも自分の目標に結びつけて考えるのをやめることだ。これはすなわち、肩の力を抜いて、道のりはゴールよりもすばらしいと知ることでもある。

無為を自分の人生の習慣にしてしまおう。習慣にしてしまえば、絶え間なく何かを決める必要はなくなる。今すぐ起きるか、それとも七時半に起きるか。たばこを吸うかどうか。楽観主義者になるか、悲観主義者になるか。ひとたび無為の習慣を身につけてしまえば、毎時、毎日、毎週、毎年、選択に迫られるという煩わしさから解放される。すべての問題を解決しつくす必要もなくなるし、「する」と「しない」で悩むこともなくなる。良い習慣は七つ、七十、七百、七百万といくらでも身につけた方がよい。そうすれば毎回一から悩む必要はなくなる。無為の習慣があれば、問題のないところに波風を立てることもない。小鳥はなんの苦労もせずに青い空を飛んでいるように見えるが、実は百以上の筋肉を動かしている。しかし小鳥はどう動くかをいちいち考えているわけではない。習慣とはこのように自然でおだやかだ。岸辺の竹、ただよう小舟、空をすべる雲のように。

無為はよく誤解を受ける。今の中国で自分はタオイストだなどと誰かに言おうものなら、「ああ、あの無為の哲学ね。なんでそんな怠け者の哲学を信じるの」と返されるだろう。実は無為というのは消極的になって何もしないことではなく、いつ動き、いつ手を引くべきかを知ることで、これは無不為のパラドックスにおいても同じことが言える。無為の目標は道とひとつになった自然な状態に至ることであり、さらには目には見えないすばらしい力を手に入れることである。

「そこで聖人は、無為ということによってものごとに対処し、不言ということによって教え導き、万物が生長変化するのにまかせるだけでその始まりを代わってやろうとはせず、万物を生み育てながらそれを自分のものだとはせず、万物を動かしながら自分のせいだとはせず、功業が成就しても満足しない。まさに功業に満足しないからこそ、かれの功績は失われることがなくなる」（注1）。無理に何かを求めたりはせず、しかるべき時にしかるべきことをする、そうすれば成功の門が開かれる。宇宙はそれ自身の法則でうまく回っている、なのに人間はこの世界に自分の考えを強引におしつけるから調和を壊してしまう、とタオイストは考える。これは自分の意志を行動に反映させるなと言っているわけではない。自然の流れの中で、「何を」「いつ」「どのように」するかを知ることである。

　また無為は、放任主義、あるいは無理に作りだした安定と解釈されてきた。無為は何もしない怠け者になることでも、ものを考えない愚か者になることでもない。むしろ、自然の流れに従おうと鋭敏になること、決意することだ。無為を理解するための一つの方法は老子の政治思想を知ることだ。政治は小魚を煮るようなもので、あまりにひっくり返しすぎると身が崩れてしまう。

注1　訳注『道徳経』第二章

　学問をしていれば日一日と増えていく。道にしたがっていれば日一日と減っていく。
減らしに減らしていくとついに無為にいたる。
無為とはいうものの、どんなことがらもそれの働きである。

天下を統治するには、つねに無理をしてはいけない。
もし無理をしてやれば、天下を統治する資格はない。

（『道徳経』第四十八章）

学ぶとは吸収することだが、タオイストはそれを手放せと言う。赤ん坊のころから人は多くのことを学び、学ぶことで独り立ちする。そして富や名声など、つまらないことで悩む。これに対し、はじめの状態に立ち戻り、赤ん坊のように悩みを忘れ、なにごとも自然のままに考えられること、これが無為だ。

無為を選ぶということは自分を空っぽにすること、波を乗り越え猛進するのではなく流れにのって悠々と進むことだ。無為とは何もしないことではなく、ものごとが前進する自然の法則を止めてしまうことでもない。自然のままに争わず、無理をせず、またあらゆる変化を拒まないことだ。水のように、また空っぽの壺のように、名まえもなく形もなく無為である。我々は宇宙が投じて来る試練を受け入れなくてはならない。同時に、目標を実現しながら空っぽな自分を受け入れることで、やらなければならないことをすべて成し遂げる。どんなことでも無為という方法によって実現できるのだ。

無為とは自然に生まれる行為のことだ。荘子はそれを逍遥、あるいはそぞろ歩きと呼ぶが、これをただのものぐさとか消極性などと捉えてはいけない。自然に生きる道、あるいは流れにのって進む方法なのである。中国語の「自然の声を聞く」「自然にまかせる」という言い方や、英語の「go with the flow」という言い方はタオイズムの基本思想をよく表している。

おそらく古代でもっとも栄えたのは漢の文帝と景帝の時代（紀元前一七九～紀元前一四三年）だろう。仁政と倹約によって知られる二人の皇帝は、賦役を軽くして人民を休ませる政策により平和な社会と安定した政治を実現した。この二人の統治に影響を与えたのが文帝の后で景帝の母である竇氏である。竇氏は道家信者であったため、この時代の政治はタオイズムの思想を色濃く反映していた。しかし残念なことに、竇氏が孫の武帝の時代にこの世を去ると、道家思想による統治の時代も終わりを迎えてしまう。文帝、景帝の時代は特別であり、中国の歴史のなかでも黄金時代とされる。国の倉の銅銭は、支出が何年もなかったため銅銭をつなぐひもが朽ちて切れ、倉の外にあふれ出てしまうほどだった。中国史上これほどの平和と繁栄を実現させた皇帝は他にはまずいない。しかし、文帝と景帝の二人の皇帝、そして無為の統治を推し進めた竇氏らはそれを実現させたのである。

ほかの皇帝の悪いところはやりすぎることであり、秦の始皇帝（紀元前二二一～紀元前二〇六年）などはそのよい例である。始皇帝は天下統一の後もその手を休めず、巨額の資金を投入して万里の長城などの大工事をすすめ、さらには八千もの陶製の兵馬を擁する地下墳墓を建設した。また、儒学の教えを根絶やしにしようと、世の中の書物をほぼすべて焼き尽くし、四百六十名の学者を生き埋めにした。始皇帝は自分のやることに全く満足しなかったが、民衆からすればこれらの大工事や迫害はたいへんな負担だった。秦は中国史上もっとも強大な国だったと言えるが、しかしその統治期間はわずか十五年であり、

人がみな自分の平和を守るなら、この世界も永遠に平和だろう。

始皇帝の死後まもなく滅亡してしまった。権力と野望を一身にあつめた始皇帝の問題点は無為の政治をすることができなかったことであり、燃えさかる炎がその王朝を焼き尽くしてしまったのだ。始皇帝は何もしない愚か者や怠け者になればよかったと言っているのではない。ただし、程度を知るべきだった。

幸か不幸か、ほとんどの人はこのような権力をもっていない。しかし、それぞれのテリトリーのなかでは無為を実践する皇帝になることができる、俗世間のつまらないことで心を乱すことなく、水や自然のように自由に一日を過ごそう。急流や渦を恐れない強い人間になろう。静かに窓辺に座り、青い空を流れる雲、落ち葉の凋落(ちょうらく)、咲き誇る花々と、四季のうつり変わりを楽しもう。そうすれば平和で静かな自分の世界を実現したと言うことができる。人はちっぽけで力も限られている、しかしその限られた力でみずからの小さな世界を統治するならば、自分だけのパラダイスをつくることができる。平和とは安定と幸福の最たるものだ。人がみな自分の平和を守るなら、この世界も永遠に平和だろう。

人はそれぞれ生活の渦にのみ込まれるように生きていて、何かをやらないわけにはいかないし、時には道理に合わないことさえもやってしまう。また時には追い詰められて何かを選択せざるを得ないこともあるし、選択しなければ自分の小さな世界はバラバラになってしまうと考える。しかし、どちらを選択しても正しいこともあるし間違っていることもある。結果を見るまでどちらの選択が正しかったのか知ることはできない。だから我々は、悩むのはやめて心おだやかに生きよう。

老子はときどき、「無為」のまえに「為」をつける。

なにも為さないということを為し（為無為）、なにも事がないということを事とし、なにも味がないということを味とする。小さいものを大きいものとして扱い、少ないものを多いものとして扱う。怨みには徳でもって報いる。難しいことは、それが易しいうちに手がけ、大きいことはそれが小さいうちに処理する。

（『道徳経』第六十三章）（注2）

注2　訳注　ここの引用文は以下の書によった。蜂屋邦夫訳注『老子』岩波文庫　二〇〇八年

無為はむずかしい。現状維持も変革もどちらも同じようにむずかしい。現状維持には努力がいる。これは人間から宇宙まで、どんな事についても言える真理である。

恒星の密度が非常に大きい場合、排他原理によってもたらされる反発力は重力よりも小さくなる。天体物理学者チャンドラセカールは、太陽の一・五倍以上の質量をもつ星はみずからの重力に逆らって自身を支えることができなくなることを計算によって導き出した。その上限値は現在、チャンドラセカール限界という名で知られている（注3）。恒星がみずからの重力に耐えるのがそうであるように、現状維持というのは大変なことであり、一見、無為に見えても実はたゆまぬ努力が必要だ。これがすなわち老子の「なにも為さないということを為す」である。つまり、恒星がみずからの重力に耐えることも、人の長寿も環境保護もみな「無為をなす」という行為なのだ。多くの人は自分を支えきれずに賭博、麻薬、たばこなどで自分をだめにしてしまう。健全な生活を送るためには「無為」と「無為をなす」ことが大事だ。悪い習慣を改める努力も、よい習慣を身につける努力も同じものなのだ。

注3　Stephen Hawking, *The Theory of Everything*（Beverly Hills: New Millennium Press, 2002）, 50（訳注　以下の邦訳あり。スティーヴン・W・ホーキング著　倉田真木訳『ホーキング宇宙の始まりと終わり　私たちの未来』青志社　二〇〇八年）

第六章　無不為

道は「無為」と「無不為」のあいだにある。「無為」を通して「無不為」を実現しよう。

タオイズムは消極的な哲学ではなく、むしろ冒険を勧める。大事なのは冒険を楽しむことであり、目標が実現できたかどうかだけを気にしてはいけない。

「道」は永遠に無為であるけれど、どんな事物もその働きによらないものはない（道常無為、而無不為）。王侯がもしそれを保つことができるなら、万物はおのずとかれに感化されるだろう。万物がおのずと感化されながら、もし欲望が生じたときには、わたしは「無名の樸（はく）」（注1）によって

注1　訳注「無名の樸」は道の別称。

がけの下で将棋をさすのは無為、飛行しながら将棋を指すのは無不為。

それを鎮(しず)めるだろう。「無名の樸」も、欲望を絶つだけのこと。欲望を絶って平静になるならば世界は自然に安定するだろう。

（『道徳経』第三十七章）

学問をしていれば日一日とふえていく。道にしたがっていれば日一日と減って行く。

減らしに減らしていくとついに無為にいたる。

無為とはいうものの、どんなことがらもそれの働きである（無為而無不為）。

天下を統治するには、つねに無理をしてはいけない。

もし無理をしてやれば、天下を統治する資格はない。

（『道徳経』第四十八章）

本書の「無為」の章（第五章）のなかで『道徳経』第四十八章について話したことを覚えているだろうか。実は話

我々の「無為」と「無不為」についての認識。

はもう少し複雑なのだ。

　これらの章のなかで、老子は「無為」と「無不為」という言葉を同時に使っている。伝統的な解釈では、「無不為」はすべてやり尽くすという意味で、「無為」の結果であり、もし何もしなければすべてのことはうまくいくと老子は言っているのだと考えられてきた。

　しかし、老子は「無為」と「無不為」のあいだに「而」という字を使っている。中国語の「而」というのは「しかし」あるいは「しかも」という意味だが、「その結果」という意味ではない。つまり「無為」と「無不為」のあいだに因果関係はない。

　二千五百年も前に老子が発した「無為」と「無不為」の思想はたんに我々の考えを変えてしまうだけでなく、我々が生活のなかで演じる役割をも変えてしまう。我々は「無為」によってあらゆることが自然に実現されるのを待っている消極的な存在ではなく、「無為」と「不無為」をともに実践する、みずからの人生の主体となるのだ。

道は「無為」と「無不為」のあいだにある。「無為」を通して「無不為」を実現しよう。道は自然に従っている。だから人は道に従えば、自然に反するようなことをするはずがない。「無不為」をよく理解するため、物理の不確定性原理を参考にしてみよう。スティーヴン・ホーキング博士は言う。(注2)

宇宙のエネルギー総量はゼロだ。宇宙内の物質は正のエネルギーによってできており、引力によってみな互いにひっぱりあっている。一方、引力場には負のエネルギーがあり、この負のエネルギーはちょうど同じだけ正のエネルギーを打ち消すので宇宙のエネルギー総量はゼロとなる。ゼロの二倍はゼロである。正の物質エネルギーと負の引力エネルギーは同時に倍増するので、このエネルギーのバランスが壊れることはない。宇宙が膨張してその体積を倍増させてゆく時、正の物質エネルギーも負の引力エネルギーも倍増するので全体のエネルギー総量はゼロのままである。これはまさにアラン・グース氏の言う「無料ランチなんてないってみんな言うけど、宇宙はまさに究極の無料ランチだ」。また、老子が「万物は内に陰と陽のふたつの対立する力をふくみ、陰と陽は気のなかで統一されている」(注3)と言うのも同じことである。

正と負は打ち消し合うが、無為と無不為の境界は不確定性原理のようにぼんやりしている。不確定性原理によれば、人は粒子の正確な位置と速度を同時に知ることはできない。その一方を厳密に確定すればするほど、もう一方は逆にあいまいになってしまう。絶対の「無」や絶対の否定は存在しない。無のなかに有があり、有のなかに無がある。絶対の「無為」もまた存在しない。「為す」と「為さず」の境い目、「無為」と「無不為」の境い目はぼんやりしている。我々は「無為」と「無不為」のあいだ、有用と無用のあいだを旅するのだ。

荘子に次のような物語がある。

荘子が山のなかを歩いていると、青々と枝葉をしげらせた巨木を見つけた。その木はどの木こりにも切り倒されることがなかったので、荘子は木こりにそのわけをたずねた。木こりは答えた。「使い物にならないからさ」。荘子は言った。「使い物にならないおかげでこの木は寿命をまっとうすることができるね」

荘子は山を下り友人の家をたずねた。友人はたいそう喜び、使用人にガチョウを殺してご馳走するように言いつけた。使用人は言った。「一羽は鳴くガチョウ、もう一羽は鳴かないガチョウ、どちらにしますか」。友人は答えた。「鳴かない方にしよう」

注2　Stephen Hawking, *The Theory of Everything*（Beverly Hills: New Millennium Press, 2002）,82（訳注　邦訳は第五章の注2参照）

注3　『道徳経』第四十二章より。

翌日、弟子は荘子にたずねた。「先日見た木は役に立たないおかげで寿命をまっとうすることができました。でも今回は役に立たない方のガチョウが殺されてしまいました。有用と無用、先生はどちらがよいと思いますか」

荘子はほほえんだ。「わたしは有用と無用のあいだにいるよ。役に立つように見えて役立たずだと面倒なことになるよね。それは道とともにある生き方とは違う。ほめられることもなく、けなされることもなく、ある時は龍、そしてある時は蛇、時とともにうつり変わり、一つのことに捉われることがない。ある時は上へ、ある時は下へ、調和しているかどうかで判断しよう。万物の祖とともに流れただよい、ものごとをありのままに捉え、なにかに捉われなければ煩わしいことなどなにもない」（注4）

すでに述べたように、無為とは弱く、おとなしいものである。しかし、いったんその時が来ればためらうことなく立ち上がろう。それはあくまで一時的なものと認識したうえで。これが無為と無不為のあいだということだ。人生には成功もあれば失敗もある。しかし、ものごとの流れに順応すればなにも恐れる必要はない。最後にはきっとうまくいく、なぜなら人は宇宙の一部なのだから。

戦車でローマに凱旋した将軍を民衆は通りの両脇で歓喜して出迎えた。しかし将軍はお付きの者に自分のすぐそばで、「振り返ってみろ。おまえもただの人、いつかは死ぬだけだ」とラテン語でささやかせていた。

不確定性原理によると、生活上の多くのことがらはコントロールできない。宇宙をコントロールすることはできないから我々は無為でいる。そしてまた、宇宙をコントロールすることができないからこそ、我々は無不為を純粋に楽しむことができる。地球は回転しているが、人はそれを感じることができない。我々は無為であり無不為だ。

寺院建築にたとえるなら、我々の生活は無為と無不為という二本の柱に支えられており、どちらか一方の柱も欠かすことはできない。「今日は無為にして明日は無不為にしよう」などということはできない。我々の生活は無為と無不為のあいまいな境界線上にある。まるでコンピュータが0と1のあいだを行き来するように、無為と無不為のあいだを行き来する。無為と無不為のあいだにわざわざ障壁をつくり、そのあいだを行き来するのは難しいと考えるのは不確定性原理に反する。

因果関係というのは見た目ほど単純ではない。無為も無不為も、結果は同じだ。宇宙のすべてはいずれ終わりを迎える。すでに述べたように負の引力はちょうど同じだけの正のエネルギーを打ち消すから、宇宙のエネルギー総量はゼロだ。たとえ人が目標を達成しようともその結果を自分のものにすることは

注4　訳注　『荘子』山木第二十より。本書の『荘子』からの引用文は主にチーグアン・ジャオ氏の現代語訳をもとにしているが、以下の書もあわせて参考にした。『中国古典文学大系　第4巻　老子・荘子・列子・孫子・呉子』平凡社

できないし、その結果は自分の計画とまったく同じではないだろう。期待はしばしば裏切られ、やるだけのことはやったとしても、すべての努力は自然の流れとともに消えてしまう。

宇宙のなかでもっとも壮大で美しいのは、宇宙自身だ。

第七章　宇宙と私たち

自分がどれだけ取るに足らない存在かに気づくとき、人はかえってもっと自由になれる。

宇宙のなかでもっとも壮大で美しいショーは、宇宙自身によるものだ。燦然（さんぜん）と輝く星空を見上げてみよう、なんときらびやかなショーではないか。

宇宙は広大で人はちっぽけだ。人がちっぽけだということは、人が直面する問題も取るに足らないということだ。満天の星空がいざなってくれるのは過去でもなく現在でもなく未来でもない、それは生死を超えた時空である。宇宙そのものがはなやかな物語だ。

我々の友人が賛成してくれたとしても、我々は宇宙の中心ではない。

ハムレットは言う。「人間とはなんという傑作だろう！　崇高な理性、無限の能力。姿といい、動きといい、なんとみごとな表現力を備えていることか。行動は天使に似て、理解力は神さながら」（注1）。ハムレットの精神を狂わせたのは、人間を世界よりも偉大だとするこの考えだ。ハムレットが考えた問題は、自身の能力をはるかに超えるものだった。自己中心的な考えはこの世界から罰を受ける。

地球上で人類がもっとも偉大だなんて誰が賛成するだろう。小鳥？　アリ？　それともサル？　この考えには猫だって賛成しない。ただし、約一万五千年も前から人間と一緒にいる唯一のパートナーで親友の犬だけは、人を宇宙で一番すばらしい万物の霊長として認めてくれるだろう。人間を尊敬し、理解しようとしてくれる犬は、我々をシェークスピアの詩のようにうやまい、レンブラントの油絵のようにあがめる。けれど、人間はこの宇宙で最高の存在だと一番の親友が言ってくれたとしても、それを信じてはいけない。人は人だけを見ていてはいけない、宇宙のすばらしさに目を向けなければ。ハムレットが大空について「ぼくたちの頭上のあのみごとな覆(おお)い、金色に輝く星をちりばめた壮麗な大屋根」と言ったように。

この世の美しさと、その目を奪わんばかりのまばゆい景色を多くの人は軽視している。ハムレットは世界の美しさに気づいてはいるけれど、問題が複雑になりすぎて、その中から抜け出せないでいる。ハムレットに代表されるように、人を宇宙の中心に据えるルネサンス期のヒューマニズムは（中世、宇宙は神のいる場所とされた）、人を「やるべきか否か」、ハムレットの例で言えば「to be or not to be」という問題に直面させた。一方、タオイズムは、時間と空間の果(は)てしなさにくらべれば、人を悩ますすべての問題はちっぽけだと考える。自分の小ささに気づき、自分は神だなどという考えをやめれば心は自由になり、名声や利益といった幻想に捉われず、宇宙を自在にただようことができるようになる。

人は神などではない、しかし、自分がどれだけ取るに足らない存在かに気づくとき、人はかえってもっと自由になれる。

荘子の『秋水』は人のさまざまな限界を教えてくれる。

注1　訳注　大場建治著『研究社シェイクスピア・コレクション8　ハムレット』研究社　二〇一〇年、第二幕第二場より。

秋の大水がやって来た。百もの支流の水をあつめ、黄河は大氾濫（はんらん）。対岸にいるのは牛か馬か言うことができないほど。この世の美しいものはすべて呑みこんでやったと河の神は大喜び。河の神は流れにのって東へ向かい、ついには北の海にたどりついた。さらに東を見はるかしてみたけれど、水の終わりを見ることはできなかった。河の神はまわりを見まわし、ため息をつくと海の神、若（じゃく）に言った。「『百のことを知る者が自分はこの世で一番だと思いこむ』って言葉があるけど、これはまさに私のことだね。今きみがどれほど大きいかを知ったよ。もしここまで来なかったら、みんなに笑われるところだった」

若は言った。「井戸のなかの蛙に海のことを話してはいけないよ。井戸はせまいから。夏の虫に氷のことを話してはいけないよ。寿命が短いんだから。本ばかり読んでる学者に道のことを話してはいけないよ。彼の知識では理解できないから。今日きみは自分のまわりの囲いを打ち破って海を見た。そして自分の小ささを知った。これからは一緒に偉大な知について語り合うことができるね」

河の神や井のなかの蛙と同じように、人の理解力は宇宙の広大さにくらべれば本当に小さい。人はちっぽけで、この世で過ごす時間もほんのひとときに過ぎない。ならば、偉大なる自然にすべてをまかせよう。自然は人の傷を癒し、人がお互いにあたえ合うことのできない自由と支えをあたえてくれる。荘子が語った話にはこのようなものもある。

「泉が涸れ、陸に取り残された魚たちはお互いに泡をはき、からだが乾かないようにする。しかし、川や湖でお互いを忘れることができればもっとよいだろうに」（注2）

魚たちは日照りの時、自分たちの体が渇かないようお互いに泡を吐くが、水中を自在に泳ぐ楽しさのなかで互いの存在など忘れていた時の方がずっとよかっただろう。我々も生活のなかのつまらないことなど、広大な宇宙のかなたに消し去ってしまった方がよい。あれこれと分析することも何だかんだと思い悩むことも忘れ去ってしまおう。道にくらべればそれらはあまりにも小さい。

次の物語は、戦国時代、秦の政治家呂不韋が書いたものである。

楚の国の人が弓をなくした。しかし、「楚の人間がなくしても楚の人間がひろう、わざわざ探すこともないだろう」と、探さないことにした。

孔子はこの話を聞いて言った。「楚という字はなくてもよいね」

老子はこの話を聞いて言った。「人間という字はなくてもよいね」（注3）

注2　訳注　出典は『荘子』天運第十四。
注3　訳注　出典は『呂氏春秋』巻第一・孟春紀・貴公。

私はこの話を聞いて言った。「『なくす』と『ひろう』もなくてよいね」

愛国主義者の楚の人間にとっては、弓が誰のものかは重要ではない。楚の人間が弓を持っているのなら、それで十分だ。一方、ヒューマニストの孔子は、弓が人間のものでありさえすれば、どの国の人間が持っていようが重要ではないとする。さらにタオイストの老子は、弓が自然の一部でありさえすれば、人のものだろうが土のなかに埋まってしまおうが問題ではないとする。呂不韋（りょふい）はこの三人のなかで老子がもっとも無私だとする。私に言わせれば、どちらにしろ我々は弓など持っていないのだから、なくした、拾ったなんてどうでもよい。二〇〇六年、冥王星は天文学者らの決定により惑星としての地位を失ってしまったが、冥王星にしてみれば惑星かどうかなどどうでもよい話である。弓は弓でしかなく、なくそうが、拾おうが大した問題ではない。どちらにしろ宇宙の一部であることに変わりはないのだから。

言葉を減らせば、視野は逆に広がる。

楚の人が弓をなくし、楚の人がひろう。

人が弓をなくし人がひろう。——孔子

これをなくし、これをひろう。——老子

これ。——筆者

第八章　反る

強くなりたいのならまずは自分の弱さを受け入れよう。聡明になりたいのならまずは自分の愚かさを認めよう。

これでだめなら逆にしてやってみたら？

反る（反対の方向に向かって変化する）のが道の運動であり、柔弱は道のはたらきである。
天下の万物は有（具体的な事物）から生まれ、有（具体的な事物）は目に見えない道から生まれる。
（『道徳経』第四十章）

宇宙の始まりはきわめて小さく超高密度で、その総質量である十の五十三乗キログラムが針の穴に集中しているような状態だった。宇宙は現在も膨張をつづけている。宇宙の最後については三つの説がある。一つめは、宇宙は永遠に膨張をつづけ、物質とエネルギーは分散し、ついには生物が存在できないほど希薄になるという説。二つめは、膨張をつづけるものの、その速度はしだいに落ちるという説。三つめはタオイズムの思想に一番近く、私が一番好きな説だ。それは、いったん膨張をやめた宇宙が逆に収縮をはじめ、針の穴の大きさに戻るというもので、その大きすぎる引力のせいですべてのものは動くことができなくなり、最後には無為になってしまう。あらゆる生物、情報、歴史は消滅し、宇宙はゼロに戻り、そしてまたビッグバンが起こる。これはあり得ない事ではないと思うが、どうだろう。

絶えず循環運動をつづける宇宙は、対極的なふたつの状態のあいだで膨張と収縮をくりかえす。我々は宇宙に住んでいるから、何をしようがそれは宇宙の循環運動の一部である。すべてはしだいに逆の状態へと変わる。宇宙を観察すればこの法則をよく理解することができる。

学生にこんなことを聞かれたことがある。「時間の対極にあるものは何ですか」

私は答えた。「空間だよ」

時間とは何か。人が認識する時間というのは生活のなかの一年一年、一時間一時間、一分一分だ。表面的なことから言えば、人は空間によって時間を計(はか)る。日の出にしろ日没にしろ地球の公転にしろ、時間と空間は互いに独立して存在することはできず、まるでタオイズムの陰と陽のようにお互いを支え合っている。

反るのが道の運動である

宇宙は絶えず膨張をつづけるが、ある時をさかいに収縮を始めるという説は多くの人が認めている。すべてのものはいつか逆の状態へと変化する。宇宙もだんだん小さくなり、ついにはただの点になってしまう。

これはつまり、いつの日か宇宙のなかのすべてのものは停止し、時間と空間は互いに変換可能となり、ついにはどちらも消滅してしまうということだ。対立するものの統一は宇宙法則の基本である。あらゆるものはそれ自身の真逆の存在があるからこそ存在している。陰があるから陽があり、上があるから下があり、白があるから黒があり、男がいるから女がいる。そしてすべてのものはいつの日かその真逆へと変化する。宇宙もいつかは膨張をやめて収縮し、ひとつの点へと戻る。青々と茂る木も強風でたおれればあとは腐って土に還るだけだ。

「反る（反対の方向に向かって変化する）のが道の運動である」。本をひっくり返して見ると、イラストの二つの顔がまったく変わってしまうように、この世界も反対から見てみればまったく異なる風景となる。ためしに逆立ちしてみればきっと視点も変わるだろう。

「反(かえ)る」というのは必ずしも対極への変化だけを指しているのではない、まったく新しい考え方をしてみようということだ。これはすなわち英語で言うところの「think out of the box」——「既存の枠に捉われずに考えよう」である。

次の物語に出てくる二人の登場人物はそれぞれ異なる視点を持っているが、しかしどちらも白か黒かという両極端な考えに捉われてしまっている。

魯の人が長い竿を持って町の入り口の門を入ろうとした。はじめは竿を立てて入ろうとしたが、竿があまりに長いため通ることができない。次に竿を横にして入ろうとしたが、やはり竿の長さのせいで通ることができない。魯の人は困り果ててしまった。そこへ老人がやって来てこう言った。「わしはけっして賢者ではないが、これまでいろんなことを見聞きしてきた。その竿をのこぎりで切ってみたらどうかね」そこで魯の人は竿を切ってしまった。

「けっして避けられないもの、それは死と納税だ」。ベンジャミン・フランクリンの言葉である。タオイストはもうすこし簡単だ。避けられないものはただひとつ、変化——あらゆる変化だ。それはあまりに単純すぎると心配する必要はない、単純な答えは往々にして複雑な答えよりも役に立つ。

すべては真逆のものへと変化する――変化について語ったこの言葉によって、老子は多くの人の尊敬を集めてきた。この言葉はまた、「目標を実現したければ、まず逆のことから始めよう」という逆説を

正しいやり方が一番簡単ってこと、あるよね。
障害を乗り越える一番のやり方は直接進むこと。

生んだ。陽を実現したければ陰の性質を大事にしよう。強くなりたければ弱いままでいようとしよう。これがすなわち老子の言う「収めさせようとするなら、かならずしばらく拡張させるべきだ。弱くしようとするなら、かならずしばらく増強させるべきだ」である（注1）。ある状態が限界にまで達してしまえば、それはしだいにおさまって来る。すばらしい統治者はけっして政治を主導したりはしない。あらゆるものは真逆のものによって存在し、真逆のものへと変化する。生きていればいつかは死がおとずれる。強くなりたいのならまずは自分の弱さを受け入れよう。聡明になりたいのならまずは自分の愚かさを認めよう。賢者には愚かさが、英雄には臆病さが、強いものには弱さが必要なのだ。

注1　訳注『道徳経』第三十六章

第九章　名づけること

道はただの文字ではないし、言葉によってその意味を限定することもできない。言葉ではなく心で理解するしかないのだ。

「道」、説明できるものならば、それは恒久の「道」ではない。
名、よべるものならば、それは恒久の名ではない。
「無名」は天地の始まりであり、
「有名」は万物の根本である。

（『道徳経』第一章）

「『道』、説明できるものならば、それは恒久の『道』ではない」。老子はここで、名づけられるものと名づけられないものの区別をしようとしている。名づけられるものとは具体的なもの、名づけられないものとは永遠なもの、限りのないもの、宇宙の始まり。つまり名づけられないものとは天地の始まりであり、万物の母である。道に名まえをつけることはできない、なぜなら道は始まりの始まりであり、永遠に終わらないものであり、すべてを包み込む無限の存在だからだ。「名、よべるものならば、それは恒久の名ではない」。道を言葉によって定義することはできない。道はただの文字ではないし、言葉によってその意味を限定することもできない。言葉ではなく心で理解するしかないのだ。この宇宙全体を包み込む存在である道を、どうして簡単な一字で説明しきることができるだろう。

先に引用した『道徳経』第一章はまさしくタオイズムへの入り口のようなものだ。その大きな扉を開き、無名の奥深い内容を理解しはじめるとき、我々は宇宙をより広く認識し、そしてより深く体感する。「道」の定義をやめること、それは「無為」の一番はじめの実践となる。タオイストは名まえや分類によって「道」の意味を限定しない。生活スタイルや生きる指針を無名の状態に保てば、「道」の自由を楽しむことができる。広大な海原も、果てしない星空も、奥深い人間の精神も、道はすべてを包み込む。

無名とは定義しないこと、定義しないとは意味がないこと、意味がないとは無限であること。誰も我々を定義することはできない、我々を定義できるのは自分たちだけだ。それにはまず、あるスタート地点が必要だ。今の世界が我々にさまざまな名まえをあたえる以前の空っぽな状態、つまり無名の地をスタート地点としよう。

第十章　空っぽ

家や壺と同じように、我々も心のなかに空っぽな部分がないと役に立たない存在となってしまう。

道は見ることができないし、道は使っても使いきれない。
なんという奥深さ、それは万物のおおもとのようだ。
それはするどいきっ先をあらわすことがなく、紛雑さを超越し、
輝きをたくわえながら、塵あくたの中にまじっている。
なんというとらえどころのなさ、ないかのようで実は存在している。
わたしは知らない、それがどこから生まれたのかを、（ただ知っている、それが）上帝よりも前に
あらわれていたことだけを。

（『道徳経』第四章）

空っぽだからこそ役に立つ。

車輪は三十本の輻（や）が一つのこしき（車輪の中央部）にあつまり、こしきの中の空洞があってこそ、車としての働きが生まれる。

泥土をこねて器をつくり、器の中の空間があってこそ、器としての働きが生まれる。

戸口や窓をうがって部屋をつくり、戸口や窓や四方の壁に囲まれた空間があってこそ、部屋としての働きが生まれる。

「有」が人に与える便利さは、「無」が決定的な働きをすることによる。

（『道徳経』第十一章）

家を家と呼ぶことができるのは、その内側に空間があるからであって、その梁（はり）や柱、木材のためではない。壺はそれ自体で役に立つのではなく、その内側にある空洞のおかげで初めて役に立つ存在となる。家や壺と同じように、我々も心のなかに空っぽな部分がないと役に立たない存在となってしまう。呼吸は自分の体内に空間があ

ることを感じさせてくれる。でもそこからさらに自分のなかを空っぽにして、世界中の重さをその肩に
背負うことのないようにしよう。悩み、欲、貪欲さ、まちがった目標から自由になろう。我々は神では
なく人なのだから、そもそも自分でコントロールできないことで悩む必要はない。内側に空洞のある壺
のようになってこそ、無名を守り、大自然のすばらしさを受け入れることができる。

第十一章　水

まわりのすべてに合わせ、千変万化する。これこそ水のすばらしい点である。

最高の善は水のようなものだ。
水は万物を助けるのがうまくて万物と争わず、
みなのいやがる場所にとどまっているから、
それで「道」にもっとも近づいている。

（『道徳経』第八章）

清朝の図案。真珠と戯（たわむ）れる龍。

水は無為のお手本と言ってよいだろう。地形の変化に対応しながら低い方へと流れる水は、もっとも楽にすすめるルートを選ぶ。まわりのすべてに合わせ、千変万化する。

地球にあるのは月だけで土星のようなわっかはない。
でもここには水がある。

まわりに流され、どんどん下に行くなんてと多くの人は嫌がるだろうが、これこそ水のすばらしい点である。たとえ一時的に暗くいやしい所に流れてしまったとしても、この謙虚さと柔軟さこそが水の一番の強さだ。水を見習えば、なんの苦労もなく洞窟を掘ることだって、ごつごつした岩を滑らかにすることだってできる。水のように自由に世界を泳ごう。

　中国の龍といえば空を飛ぶものだが、もともとは水の神だった。伝説によれば、秋分になると水にもぐって休息し、春分には天にのぼる。雲や霧にのって自在に去来し、その吐き出す息は雨となる――春や秋の静かな雨だけではない、時には荒れ狂う嵐となる。螺旋を描きつつ天へのぼる龍は竜巻を巻き起こし、海の水までもがその力でいっしょに巻き上げられてしまう。ここに見る龍は水のシンボルであり、生命のシンボルである。

　一方、西洋のドラゴンは火の龍だ。火や煙を吐き、その目は怒りで真っ赤だ。このような火との関わりから、西洋のドラゴンはつねに死や地獄と結びつけて描かれる。
中国の龍はまるで流れる水のように、タオイストの自由な無為を実践しながら、無不為までも優雅に実現している。孔子はかつて老子を龍にたとえ、神秘と知恵のシンボル、深い思索と気高い品性の追及、水の柔軟さと賢者の知のすばらしい結合と考えた。

天下には水より柔軟なものはないが、
堅強なものを攻撃する力で水にまさるものがないのは、
それに代わりうるものがないからだ。
弱さが強さに勝ち、
柔らかさが剛(かた)きに勝つことは、
天下のだれもが知っているが、ただ実行できる人がいない。
このことから、「聖人」は言う、国中の屈辱をひきうけてこそ国家の君主といいうる。
国中の災禍を引きうけてこそ、天下の王者といいうる、と。正面から見たことばは反対の意味のようだ。

（『道徳経』第七十八章）

多くの人が知っているように、地球以外の惑星には流れる水がない。もし他の惑星に知的生命体がいれば、真っ青な海と勢いよく流れる川に囲まれていることは幸せだと思うに違いない。

水のある生活がどんなに幸運で幸せかを意識している人はあまりいない。宇宙のなかで地球だけが水に覆われていることを老子は当時知らなかったかも知れないが、水は美と幸福の象徴であることは認識していた。老子は言う。「最高の善は水のようなものだ。水は万物を助けるのがうまくて万物と争わず、みなのいやがる場所にとどまっている」。もし水のようにこの世の中を生きれば、幸せを手に入れることができるだろう。

広大な海原が我々を筏（いかだ）のように押し流そうとも、急な川の流れが我々を葦（あし）のように押し運ぼうとも、海にその潮の流れを止めるように言ってはならない。川にその急な流れを遅くするように言ってはならない。我々はその流れにのり、ともにその楽しさと自由を祝福しよう。流れのままに新しい冒険に踏み出そう。

第十二章　落ち着くこと

ほんの少しの休息や無為は、せわしない生活のなかに精神的な楽園をもたらしてくれる。

みなさんの血圧はどれぐらい？　なかには、病院という人を緊張させる環境で一時的に血圧が上がってしまう「白衣高血圧」に悩む人もいるだろう。患者を落ち着かせるため、医師は患者を何分か何もさせず静かに座らせておくかもしれないし、あるいはしばらく暗い部屋にいさせるかもしれない。そうして再び計測すると血圧は当然下がっている。では、この二回目に測った血圧をその人の本当の血圧と言ってよいのだろうか。医師も患者も一回目の血圧値を気にしなくてよいのだろうか。日常でも、最初に診察室に入って来たときと同じように緊張していることはないだろうか。医師が患者を落ち着かせるためにしたような「何もしない」状態を人は毎日保っていられるだろうか。「白衣高血圧」を考慮したとしても、普段の血圧に近いのは最初に測った方の血圧かもしれない。多くの人にとって、日常生活というのはそんなに落ち着いたものではないのだから。

残念ながら、一日中何もしないなんてありえないし、ほんの少しの休息だってむずかしい。ずっと忙しくて血圧も上がっている。血圧測定のときなど特別な場合を除き、いつもバタバタと忙しく、いろいろなことを心配しつづけている。落ち着いて無為にしていた方がよいとわかっていながら、なぜ人は血圧計の目盛りのためではなく、自分自身の健康のために平静を保つことができないのか。日常生活のなかで静かな心を作り出すことができさえすれば、ストレスによる高血圧から抜け出すことができる。毎日をゆるやかな瞑想の時間にすることができる。なのに、なぜ夜眠るとき以外は何もしないでいられないのか。昼間ならうたた寝をして休むことができるのに。なぜ、音楽を聞くとき以外静かにしていられないのか。人は魂で自然の声を聞くことができるのに。なぜ、聖職者のありがたい話を聞くとき以外、自分の小ささに気づけないのか。人はすべてを思いのままにしたいという欲望を捨て去り、神秘的な宇宙の法則に従うことができるのに。なぜ人は、何もすることがない時間を「無為」の道の実践に充てられないのだろう。インドの詩人で思想家のラビンドラナート・タゴールは言った。「何も用がないときは、どうか放っておいてくれ。誰にも邪魔されることなく、あの静かな深みへ沈みたい。まるでたそがれ時の海辺のような」(注1)

歳を重ねるごとに人の体はまるで歩く自叙伝のようになり、自身が経験してきた大小さまざまなストレスがその見た目に現れるようになる。ストレスの原因はお金、仕事、家庭などいろいろだ。もちろん、高血圧の原因には塩分の過剰摂取、肥満、運動不足もあるし、肉体的ストレスと精神的ストレスの両方

我々も祖先もそんなに違わないよ。

が高血圧を助長する要因となり得る。
原始人の体は、寒さに見舞われたり何かに襲われたりすると、より多くの酸素を心臓へとどけるため血圧を上げなくてはならなかった。長い狩猟採集生活のあいだ、我々の祖先は静かでおだやかなときを過ごしていた。昼間は野生の果実を摘み、天然の水を飲み、野兎をとらえ、夜は星空の下で眠りについた。しかし、ひとたびよその部族やトラが自分たちの土地に侵入して来ると、たちまち生きるか死ぬかの問題に直面した。危機に遭遇した原始人には、戦うか逃げるか、二つの本能しかない。戦うにしろ、逃げるにしろ、あれこれ考えている時間も必要性もない。人は大自然の一部なのだから、

注1　Rabindranath Tagore, *Stray Birds*, (Old Chelsea Station, New York: Cosmo Classics, 2004) poem #208.（訳注　以下の邦訳あり。ラビンドラナート・タゴール『迷い鳥たち』内山眞理子訳　未知谷　二〇〇八年／ロビンドロナト・タゴール『迷い鳥』川名澄訳　風媒社　二〇〇九年）

その意志と行動のあいだを遮るものは何もないのである。

現代人にもこの二つの本能はあるが、しかし本能のままに行動することはできない。上司にまちがった報告をしてどなられるとき、（ものすごくそうしたいけど）強くやり返すこともできないし、（ものすごくそうしたいけど）窓から逃げ出すこともできない。

原始人と同じように、現代人もストレスに直面するとインシュリンが分泌され、血圧、血糖値が上昇する。しかし、やりたいことは抑え込まないといけない。反撃だって逃亡だってできない。上司にキックをお見舞いすることもできないし、窓から逃げ出すこともできない。ふつうはただ落ち込むか腹を立てるか、ひどければ抑うつ状態になるかだ。

実際、ほとんどの問題は反撃や逃亡によって解決するものではない。現代生活では原始人のように危機への反応性を高めるために血圧を上げる必要はない。もし人がずっとイライラしていれば、体は異常な緊張状態となり血圧が上がってしまうだろう。現代人には第三の方法が必要だ。それは反撃でも逃亡でもない。それは無為だ。他人のミスのために自分を罰する必要はない。無為であればよい。すなわち、コントロールできないのならその状況を無視すればよいし、あるいは自然のままに応対すればよい。

さまざまな悩みを捨て去り、窮屈なオフィスを抜け出したら、ほころぶ花に目をやり、鳥の歌声に耳を傾け、輝く星々をめでる。人はこの世を通り過ぎる旅人にすぎないのだから、自然のままに生きればよい。天体の爆発やブラックホールの消滅を解決できないのと同じように、自分のまわりの環境のこと

など気にする必要はない。これらの環境に束縛されるのもほんの少しのあいだだけなのだから。逆に、

人は星々とともに遊び、雲とともに舞い、魚とともに泳ぐことができる。宇宙を打ち負かすことができ

ないのなら、その神秘を楽しもう。それが無為にして不無為である。

医師は血圧を測る人を落ち着かせるため、リラックスして、何も考えないで、何もしないで、と言う。

医師の指示通りにしてもう一度測ると、血圧は実際に下がっているだろう。このほんの少しのあいだに

人は、お金、健康、仕事、家庭など現実的な悩みを離れている。「本当の健康状態」を知るため、わざ

わざ楽園状態を作り出しているのである。実はこれは本当の状態ではなく、あくまでも理想的な状態で

ある。本当の健康状態を示しているのは、日常生活のストレスのもと測定した一回目の血圧値である。

そして、落ち着いた状態になってから測定しなおした数値は、その人が実現可能な健康状態である。つ

まり、ほんの少しの休息や無為は、せわしない生活のなかに精神的な楽園をもたらしてくれるというこ

とだ。しかし残念なことに、自分が無為になれることに気づいている人はほとんどいない。人は自分の

生活をひとつながりの鎖のようなものと考える。そしてその鎖の一節一節が人生の最終目標（たとえば

アメリカ人にとっての二、三台の車が停められるマイホーム）と密接に結びついていると考える。日常生活

のなかのちょっとしたトラブル（番号が思い出せないとか、約束を忘れてしまったとか、代金を多く請求さ

れたとか、上司の態度がでかいとか、同僚のジョークが下手だとか）がすべて「夢のマイホーム」計画に影

響すると考える。このようなわけであらゆる出来事は、それが大ごとかどうか、事実かそうでないかに

関わらず、人にとってストレスとなり、高血圧を引き起こすのである。

私の好きなアメリカの言葉に「Give me a break」（一息つかせて）というのがある。くりかえし襲ってくる嫌なことを遠ざけたいときに使う。ちょっとリラックスしたいとき、ものすごく休みたいときにお願いする言い方だ。残念ながら、他の人に何度もこのようにお願いするとき、自分自身では自分を休ませようとしていない。自分で作り出した鎖は生活のなかのあらゆる事柄に結びついているのでその鎖を壊すことはできない。我々は一分一分をすべて暮らし、人生の目標、アイデンティティに結びつけているので、たった一分間でさえ休むことができない。この鎖を壊す度胸がないし、過剰な緊張をほぐすため何もしないで少しの休息をとる勇気もない。道ばたの花の香りを楽しむため歩く速度を緩めることも、青空をあおぎ見ることもできないし、通りすがりの子犬と遊ぶ余裕もない。少しでも休憩すれば大きく遅れ、ライバルに追い抜かれてしまうと思う。「他の人を追い抜くとき、自分は彼らにとっての目標になれる、少しのあいだも気を緩めてはいけない」。人はつねにこのような冷たく厳しい声に追い立てられている。

人はこの声を信じ、夢を持つかぎり、足を止めている暇はないだろう。皮肉なことにアメリカ人にはもう一つ、五十歳で引退したいという夢がある。五十歳以降ゆっくり休むため、あるいは何もしないで楽しく過ごすため、多くの人は目標を達成するまで休むことをしない。その結果、三十歳から五十歳までのあいだ、多くの人の最高血圧は毎年三ミリ水銀ずつ高くなり、最低血圧は一ミリ水銀ずつ高くなる。運が良ければ五十歳の引退まで生きることはできるかもしれないが、そのころには血圧が一八〇〜

一〇〇まで上がっているだろう。

血圧測定のとき、どうやって自分を落ち着けるかはみんな知っている。医師の指示通り気が散らないようにすればよいし、心拍数を下げ、呼吸をゆっくりにし、血圧を下げるためのリラックス状態を作り出せばよい。しかし、普段こんなことをするのはわざとらしく、恥ずかしいと感じる。血圧測定のためならできるのに自分自身のためにはできない。一時間に一分でも、瞑想したり深呼吸したり、あるいはただ静かにすわっていることができないだろうか。それは血圧計のためでも医師のためでもなく、自分自身のためだ。美しい景色を楽しみ自然の音を聞き、歌を口ずさむ。あるいは一息ついてから頭の中のあらゆる考え、感覚、音、映像をすべて消し去ってしまう。それでも地球は回転をやめないから大丈夫だ。

人は食事や飲酒、喫煙などによってストレスを解消することが多いが、これらはすべて高血圧の原因となる。一方、運動は長い人生のなかの小休憩のように、体を完全なリラックス状態にしてくれる。現実の社会では戦ったり逃げたりすることができないので、代わりに運動することになる。また、無為の精神も忘れてはならない。運動にも適度というものがあり、それをまちがえれば生死に関わってしまう。度を越した肉体的ストレスは循環系に悪い影響をおよぼし、病気の発症率を上げ、時には死に至ることだってある。運動はストレスに対する特効薬だが、いくら良い薬でも摂りすぎれば危険だし、死ぬことだってある。早死にしないためには、たばこやジャンクフードを避けるのはもちろんだが、体に過度な負荷をかけるのもよくない。

ここ十年で私は多くの親友を亡くした。みな働き盛りで向上心にあふれていたのに突然早世してしまった。本来はあんなに短い寿命ではなかったはずだ。早世してしまった友人たちにはある共通点がある。それは、マラソン、登山、ラグビーなど、挑戦的あるいは人と競い合うようなスポーツが好きだったことだ。みなそれが好きすぎて、亡くなる前日まで、あるいは直前までつづけていたほどだ。もしそれらの運動を適度に楽しむ方法を知っていたなら、きっともっと長く生きられただろう。寿命は行動次第であり、孔子が言うように「過ぎたるは及ばざるがごとし」である。老子も次のように言っている。

> ことばを少なくすることが自然にかなっている。
> だから、疾風（はやて）も朝のあいだ中吹きつづけることはなく、にわか雨も一日中降りつづけることはない。
> だれがそうさせているのか。
> 天と地である。
> 天地（の凶暴な力）でさえいつまでもつづけることができないのに、どうして人間にできよう。
>
> （『道徳経』第二十三章）

私は友に呼びかける。疲れたときは立ち止まって少し休もう。何もしないでゆっくりしよう。鉄や鋼（はがね）だっていつかは折れる。我々は人間なんだからなおさら気をつけないと。

第十三章　おだやかな心と健康な体

健康な心は健康な体のもとであり、健康な体もまた健康な心のもとである。

自然に従うための一番の方法は健康でいることである。人体の細胞は毎日一定の比率で代謝される。楽観的な人の場合、体からある特殊な物質が放出され、それが血液を通して全身に行き渡り、細胞の成長と再生をうながす。おだやかで楽しい気分というのは無為のように見えるが、それによって発信される信号は全身を活発な状態（無不為）にする。運動は、脳からの信号をただ受動的に受け止めることではなく、体と一緒にものを考えるようなものだ。とくに水泳、太極拳、ヨガなどの人と競わない運動は脳に健康的な信号を送る。

人は動くために生きており、健康な心は人体のシステムを強化する。運動すると人体の信号システムは刺激を受け、脳に対し、あせらないで落ち着くようにと命令する。その後、脳は細胞に対し新陳代謝のゴーサインを出す。このように、健康な心は健康な体のもとであり、健康な体もまた健康な心のもと

一日の仕事を終え、柳のかげの小屋に帰る漁夫。

である。無為と無不為の健全なバランスを保つのはこのような心と体だ。つまり、我々の細胞が健康かどうかは我々の心が決定しているのだ。

私はこう考える。よい信号は細胞に「生きることは意味がある。体には健康な細胞が必要なんだ」と伝える。しかし悪い信号は「新しい細胞を再生産する必要はない。今ある細胞も老衰してゆくだろう」と伝える。ストレスというのは、原始の時代においては命の危機に直面したとき、現在では自分の財産や社会的な立場が脅かされたとき、自分の意志が押さえつけられ、何もしないでいることが許されない精神状態のことだ。ストレスや悩み、後悔の思いが長くつづくと、ある種の化学物質がつねに放出されるようになる。この物質は細胞に対し、長期的な健康は無視して集中的に活動するように命令するので、細胞はしだいに衰えることになる。うつ状態は自殺という行為によってだけではなく、その精神状態が引き起こす細胞の破壊によっても人の命を脅かす。自殺しそうな人のほとんどは実際には自殺しない。しかし自殺しようとする心は確実に肉体をだめにする。心は気づかないうちにゆっくりと肉体を殺すことができるが、しかしこのようなゆっくりした死は防ぐことができる。

健康な体を手に入れるため、自然の法則に従ってよりよいライフスタイルを見つけ、妄想が生み出したさまざまな責任から自分を解放しよう。自分に対し寛大になろう。もし何をしたらよいかわからないのなら何もしなければよい。犯罪にはならないのだから。伝統的な中国画である漁夫図を思い出してみよう。大漁だろうが不漁だろうが、一日の仕事を果たした漁夫の心はおだやかで健康だ。漁夫にはもう何もやることがなく、ただ、さざ波のままに小舟を進め、頬をなでる涼風を感じながら西に沈む夕陽を眺める。

自然には偉大な癒しの力がある。好奇心をもって自然を観察すればその限りなさを見ることができる。空っぽなお腹で深く呼吸し、そのすばらしい限りなさに浸(ひた)りきろう。謙虚な心で自然を見つめ、不自然な状況から自分を解放しよう。自然に「おまえを信じている」と言おう。きっと嬉しいおどろきを返してくれるだろう。自然の懐(ふところ)につつまれよう。不健康な心はどこかへ消え去り、おだやかな心と活力にあふれる体があたえられるだろう。

第十四章　飲食

食は生死の奇跡のもとだ。飢えと暴飲暴食のあいだに適量を見つけ、無為と無不為のあいだでうまくバランスを取ろう。

学問をしていれば日一日とふえていく。
道にしたがっていれば日一日と減っていく。
減らしに減らしていくとついに無為にいたる。
無為とはいうものの、どんなことがらもそれの働きである。
天下を統治するには、つねに無理をしてはいけない。
もし無理をしてやれば、天下を統治する資格はない。

（『道徳経』第四十八章）

タオイストは、健康と長寿の鍵は食べものにあるとしている。食べものはなるべく減らすか簡単なものにし（無為）、できるだけ健康によい食べものや薬草を求める（無不為）。

タオイストの無不為とは、命のために天然の薬草を探し求めることだ。次に挙げる美しい詩「隠者を尋ねて遇わず」（注1）は唐代の詩人賈島の作であるが、ここにも薬草を採る隠者の姿を見ることができる。

松下童子に問えば、
言う、師は薬を採り去ると。
ただこの山中にあらん。
雲深くして処を知らず。

山のなかの深い霧にかくれた朝鮮人参や生姜、草花などは人々に健康と長寿をあたえてくれる。健康によいものは食べものとしてはあまりおいしくないかもしれない。苦くてからい生姜よりは、ふわふわしてジューシーなビッグマックの方がずっとおいしいように。しかし、マーク・トウェインが「食べたくないものを食べ、好きではないものを飲み、やりたくないことをやらなければ健康にはなれない」と言うのは正しい。老子も「無味を味とし、小を大ととらえ、少を多ととらえる」（『道徳経』第六十三章）と言っている。小さいもの、少ないもの、味のないものを選べば、我々の生活は健康的で味のあるものになるはずだ。

また、古代のタオイストは薬草を採る以外にも理、気、術の原理を融合し、鉱物類から仙薬を作る錬丹（れんたん）の術を用いた。無不為の究極の技ともいえる錬丹術は不老長寿の薬を作るための技術であり、もっとも早く現れたのは中国である。中世にはヨーロッパに伝わり神秘的な錬金術となり、さらに産業革命期には化学となった。つまり、現代の化学と製薬科学のもとになっているのはこの無不為の技なのだ。タオイストは考え得るすべてのことをして不老長寿の薬を求めたのである。

誰もが知るように、中国の皇帝はぜいたくの限りを尽くし、これ以上ないほどの権力を手にしたが、ただ一つ、死の恐怖から逃れることはできなかった。紀元前二二一年、秦の始皇帝は六つの国を征服し天下統一を果たした。すべての戦いが終わったとき、彼には征服しようのない敵だけが残った。それは死である。道士徐福が東方には不老長寿の薬があると言うと、始皇帝はその仙薬のため徐福を二度東の海へ向かわせた。紀元前二一九年と二一〇年に行なわれたその遠征は六十隻の船団と五千人の船員で編成され、さらに三千人の若い男女が連れて行かれたという。紀元前二一〇年、二度目の航海に旅立った徐福はそのまま帰らなかった。史料によると徐福は日本へ渡り、ほどなく亡くなってしまったのだろうということだ。不老長寿の薬の存在を始皇帝に信じ込ませたものの、彼自身は不老長寿を手に入れるこ

注1　訳注　齋籐晌著『漢詩体系第7巻　唐詩選　下』（集英社）の読み下し文を参考にした。

とはできなかった。日本には徐福を祀る神社がある。

始皇帝があまりに強欲で、徐福があまりに狡猾だったのかもしれないが、中国では不老長寿に対する思いが消え去ることはなかった。中国のタオイストは無為と不無為によって死と病（やまい）に立ち向かえるという考えを改めなかった点で非常に頑固と言えるかもしれない。健康と長寿のためにはこのような根気強さは大事である。古代の賢者は「人はその人が食べた物でできている」ということに気づいていた。体に良い食べものや薬を取り入れれば健康を維持できるということである。

タオイストは薬食同源と考える。魚、果物、野菜など滋養のある物を食し、あわせて薬草、太極拳、瞑想などを取り入れる。伝統的にタオイストや仏教の隠者は昼はほとんど食事をせず、なかには木の実や泉の水しか口にしない者もいた（露を飲むのは妖精だけどね）。タオイストの願いはいつの日か食べものや俗塵を離れた境地に至ることである。

荘子は神人をこのように思い描く（注2）。「はるかな山に神人がおられる。雪のように白い肌、生（き）娘（むすめ）のようなたおやかさ、穀物は口にせず、風を吸い露を飲み、飛龍とともに雲にのり、生死の境界を越えて遊ぶ。収穫のときが来ると汚れのない滋養のある作物をもたらす」。もちろん風と露のみによって生きることができないのは明らかだ。しかし、現在のように食べものが豊かでなかった古代でさえ、食べ過ぎはよくないということにすでに気づいていたのである。

老子は食べ過ぎの危険性について言っている。「色とりどりの色彩は人の目を盲（めしい）にさせ、耳に快い音楽は人の耳を聾（みみしい）にさせ、豪勢な食べものは人の味覚を傷（そこ）なわせ、馬を駆（か）って狩りをすることは人の心を熱狂させ、珍しい品物は、人を盗みや強奪に走らせる」（『道徳経』第十二章）。したがってタオイストは体に良い食べものや薬によって長生きをめざす無不為の思想を提唱するとともに、飲食の節制をも勧める。

老子は「道に従えば日一日と減っていく」と言う。一般に現代人はダイエットのとき以外は溜め込むことに夢中である。体重を除いてはどんなものでも失うのは嫌だ。残念ながら、減量したいのに健康的な食習慣を身につけることができない。

あまりに情けないことであるが、人は食べることによって時間つぶしをするとき、まさにその行為によって体をつぶしている。体が聖なる寺院だとすれば食べものは神聖なお供え物だ。しかしその寺院はいつもジャンクフードによって汚され、どんどん物が詰め込まれていく。現代のアメリカ人の夢は二、三台の車が停められるマイホームを持つことだ。しかし、もしアメリカのありふれた町を歩くことがあればシャッターの開いている車庫をちょっと覗いてみるといい。三分の二はがらくたや古い家具やゴミで埋まっている。これは現代人の体も同じだ。タオイストの言う空洞がたくさんの商品で埋め尽くされてしまっている。

注2　訳注『荘子』逍遥遊第一より。

その結果、三分の二のアメリカ人は太りすぎ、あるいは肥満である。近視で物忘れの多いある友人の話だ。その友人は飛行機でアメリカに向かうときいつも眼鏡を家に忘れてしまうのだが、飛行場でフライト情報を確認するときまでそれに気づかない。しかし幸運なことに友人はいつもまちがいなく正しい列に並ぶことができる。なぜなら背が高くて太っている人たちが並ぶ列を見つけさえすれば、アメリカ行きの飛行機に乗ることができるからである。

WHO（世界保健機関）によるとアメリカ人は世界で一番肥っているらしい。これはおそらく、ほとんどのアメリカ人がタオイズムの戒め（いまし）と老子の「道に従えば日一日と減っていく」（道を追求するとは日々何かを手放すことだ）という言葉を知らないためだろう。同時に多くの中国人も自分の祖先の教えを忘れてしまっている。中国経済の発展スピードはアメリカを追い越すほどの勢いである。残念ながら中国人の食生活もそれにつれ変化している。二〇〇八年には中国人の二十五％が太りすぎになってしまった。想像してみてほしい。小舟をただよわせる痩身の老爺（ろうや）と中国製のビュイックを乗りまわす中年太りのビジネスマンを。前者のような中国の伝統的イメージが後者に取って代わられるのは悪夢である。中国人もアメリカ人も「残飯（ざんぱん）や余計なもの、それを嫌う」（注3）という二千五百年前の老子の教えに耳を傾け、度を越した食欲をコントロールしよう。

また、WHOのデータによると世界の三分の一の人々は栄養不良で、その他の三分の一の人々は飢餓状態にあるという。このような悲惨で皮肉に満ちた状況のなか、次の老子の知恵はよく的を射ている。

天の「道」は、
弓を引いて（矢を的（まと）に合わせる）のによく似てはいまいか。
高すぎれば低くし、
低すぎれば高くし、
引きすぎれば減らし、
引き足りなければ足してやる。
天の「道」は
余分を減らして、不足を補う。
人の「道」はそうではない。
（ことさら）足りない方から減らして、あまりある方に与える。

（『道徳経』第七十七章）

私は祈る。天の道が人の道となり、健全で公平な精神がこのバランスを失った地球のすみずみまで行

注3　訳注『道徳経』二十四章「余食贅行、物或悪之」

きわたりますように。

狩猟と採集、そして農耕の時代、次はいつ食べものにありつけるか分からない状況のなか、人々は苦労して手に入れた食べものを貯蔵しないわけにはいかなかった。世界の三分の一の人々は貧しい国に暮らし、食の保障がない。その一方で別の三分の一の人々は消費文化の深刻な影響下にある。人々の生活水準は上がったけれども、つらい労働のため、そして将来のため食べものを溜めこむという古い習慣は改めることができない。「満ち足りるためには何もしないのがよい」(『道徳経』第九章)。たとえ水が満杯でなくても死ぬほどのことはない。逆に水が多すぎれば外にあふれてしまう。富める人はその手をいっぱいにしないで貧しい人に分けあたえ、ともに健康と長寿を実現しよう。食は生死の奇跡のもとだ。飢えと暴飲暴食のあいだに適量を見つけ、無為と無不為のあいだでうまくバランスを取ろう。

第十五章　睡眠

深い睡眠、深い無為は、ストレスや焦りによって緊張した神経系をリセットする。睡眠は一番の無為の実践だ。

食と切っても切り離せないのが睡眠だ。睡眠中、我々はより孤独で敏感で弱くなるため、潜在意識は飲食などを含む昼間の活動を点検する。私のふるさとでは「腹八分目で一晩ぐっすり」と言い伝えられている。食べものが十分でなかった時代の農民でさえこの道理をわかっていたのだから、三分の一の人間が暴飲暴食をしている現代に、この言葉はなおさらふさわしいはずである。

食は睡眠にとって良くも悪くもはたらく。一般に、正しい食事の量を知るには真夜中あるいは未明の夢うつつのときが最もふさわしい。なぜならこの時間は体がその人の一日の活動に敏感に反応するときだからで、食べすぎであればそれを実感することができる。しかし残念なことにこのときの感覚は往々にして潜在意識の内に押しやられ、翌日にはまた節制とは無縁の生活をくりかえしてしまう。よって、眠っているあいだに無為の教えを思い出すことが昼間のよい生活につながるのである。

生活の話をするとき、往々にして昼間起きているときのことばかり考えてしまうが、人生の三分の一は睡眠だ。かつてシェークスピアは睡眠を人生という宴におけるメインディッシュだと言った。彼にとって睡眠は昼間の生活のための準備の時間なのだ。事実、睡眠自体、生活の一部である。

睡眠中、人は果てしない暗闇に落ちてゆく。昼間の明るさには深い眠りを受け入れてくれるような奥行きはない。睡眠の質は起きているときの生活の質と同じように大事だし、睡眠時の健康は起きているときの健康と同じように大事だ。ただ覚えていないだけで、人は起きているときと同じぐらい眠っているときもいろいろな経験をしている。睡眠は完全な無為であり、体力の回復、翌日の無不為のための準備である。

無為の世界に入るためにはたいへんな努力が必要だ。全世界の半分の人々は不眠に悩んでいる。多くの場合、不眠は無為でいることに対する焦りだ。眠れないままベッドに横になっているのは時間の無駄だと思う。ほとんどの人は目覚めているあいだ何もできず、昼間の生活のことで悩みつづける。なかには、睡眠は死に近づくような災難だと考える人もいる。ベッドの上で寝がえりを打ってはなんとか焦りから解放されようとする。マーク・トウェインは不眠の治し方を問われこう答えた。「ベッドの端っこで寝てみたらうまく落ちると思うよ」。これは「ベッドから落ちる」と「眠りに落ちる」をかけたジョークだが、ここには一考に値する知恵がある。眠りに入るときには、たとえベッドから落ちてしまう可能性があるとしても自然にまかせる勇気が必要だということだ。我々もミシシッピ川の流れに身をまかせるハックルベリー・フィンのように、人生に対してきっぱりと、「おまえを信じる。なんでも来い」と言おう。

多くの国々で、赤ん坊のような熟睡が最高の眠りだと言われる。また、眠っているときは空を飛んだり、何かを追いかけたり、逆にモンスターに追いかけられたり、普段は言えないことを言ったり、普通ならやろうとしないことをやったり……つまりは夢のなかであらゆる経験を受け入れる。深い睡眠、そして深い無為は、ストレスや焦りによって緊張した神経系をリセットする。睡眠は一番の無為の実践だ。「意識は眠りを邪魔する最悪のもの」とはある作家の言である。

自分たちが何のために存在するのかを我々は知らないが、自分の理解には限りがあることは知っている。自分の限界を知ってこそ、それを超えることができる。荘子はよく、大を捨てて小を取るように言うが、これは多様性に背を向けるかのようである。睡眠中、人の心は生死を越えて孤独に飛び込む。生と死のはざまにある楽園を見つけるのがタオイストの願いだが、その一番近くにあるのが良質な睡眠であり、主体的な瞑想である。この楽園では無為も無不為も自在であり、死を超越して自分を解放することができる。喜びと悲しみは相対的なもので、昼と夜、生と死も同じだ。生と死のあいだには我を忘れる境地があるが、我々は毎晩眠りにつくとき、この境地を体験している。のんびりと散策を楽しむとき、また、世俗的なしきたりや現実的な評価を遠く飛び越えるときも、宇宙は拡大をつづけ、地球は回転をつづけ、ある人は良いことをし、ある人は悪いことをする。しかし我々にはすべてを手放し眠りに飛び込み、起きているあいだの問題を解決する勇気がある。

しかしながら、多くの人々にとって睡眠は簡単なことではない。毎晩、世界中の約十億の人が睡眠中、無呼吸状態になっている。ある人は数秒間、またある人は数分も。いびきは気道が何度も遮られることによって起こるもので、しばしば睡眠時無呼吸症候群に至ることになる。しかし、その九〇％の人はそれを自覚しておらず、治療しようとする人となるとさらに少ない。この病気には呼吸器の利用や歯科手術など、さまざまな治療法がある。ぜひとも積極的に治療法を見つけ（無不為）、無為の睡眠を手に入れてほしい。睡眠時無呼吸症候群は疲労の原因となったり、心血管系をそこなったり、時には家庭の不和まで引き起こしてしまう。この病気を持っている人にとっては睡眠は悪夢とも言える。本人は睡眠中のことを何も覚えていないが、日中の疲労感、イラつき、動作のにぶさがすべてを語っている。エドガー・アラン・ポーは、「睡眠、それは小さな死だ。これ以上嫌なものはない」と言ったが、これは睡眠時無呼吸症候群だったせいなのかもしれない。この病気の患者にしてみれば、毎晩の睡眠は窒息死のようなものだろう。幸いなことにほとんどの患者は翌朝その症状をまったく覚えていないが。

眠りに入る感覚は死に向かう感覚と同じようなものなので、人はしばしば眠りにつくとき孤独を覚える。多くの言語では、誰かと寝ると言うと性的な関係を表すが、誰かと寝たいと思うのは性的な関係を求めてと言うよりも愛情を求めるからである。なぜなら睡眠は未知の世界に向かう旅であり、そしてそ

月の光のダンスを眺め、波の音に子守唄を聴く。さあ寝る時間だよ。

の旅には仲間が必要だからだ。京劇「白蛇伝」で、船頭は愛し合う二人のためにこう歌う。「同じ船に乗りたければ十年善行を積みなさい、ひとつの枕で寝たければ百年善行を積みなさい」。肩をならべて寝るのに百年の修養が必要とは、まったく性的な関係など二の次なのだ。

第十六章　呼吸

正しい呼吸は自己治癒とストレスコントロールの鍵だ。正しい呼吸をすれば、脳は体に対しおどろくべき癒しの力を発揮する。

精神が身体と一つになり、
離れることがないようにできるであろうか。
気を守ることに専念し、つとめて柔和にして、
無欲な嬰児(あかご)のようになれるであろうか。

（『道徳経』第十章）

人がこの世に生を受けて初めにすることは何だろう。それは呼吸だ。
人がこの世を離れる最後にすることは何だろう。それも呼吸だ。

老子はつねに、すべてを忘れろと言った。ならば我々は呼吸の仕方について一から考え直してみよう。人生で最高にすばらしいものは往々にして無料だ。これまでのところ、空気もずっと無料である。呼吸は少しの代金もかからないだけでなく、一番効果のある治療法でもある。呼吸は体内のエネルギーの流れを代表する。命は呼吸に始まり、呼吸に終わる。残念ながらほとんどの人は正しい呼吸をしていない。あまりに浅く、あまりに受動的で、あまりにいい加減で、あまりに不注意だ。

正しい呼吸は自己治癒とストレスコントロールの鍵だ。正しい呼吸をすれば、脳は体に対しおどろくべき癒しの力を発揮する。人は心臓や胃腸の動きをコントロールすることはできない。しかし肺の動きなら意識的あるいは無意識的にコントロールすることができる。肺は双方向的であり、意識と無意識をつなぐ。この世で一番美しいのは二つの現象が出会う場だ。たとえば砂浜にくだける海の波や大地を潤す川の流れのように。呼吸は意識と無意識の出会いであり、人体でもっとも美しいはたらきである。正しい呼吸法を身につければ、意識的な神経系が無意識的な神経系に影響を及ぼすようにすることができる。呼吸によって無為と無不為は出会い、その出会いが発した光は暗く悩みに満ちた心を明るく照らすだろう。無不為によって呼吸のリズムと深さを変え、無為によって自然な呼吸を手に入れるのだ。

中国で呼吸や気は、エネルギー、精神、命を表す。「浩然(こうぜん)の気を養う」とは儒学者の孟子の言葉である。またタオイストの荘子は深い呼吸を勧め、神仙はかかとで息をすると言った。両者とも、息はその人の魂をのせていると信じている。

呼吸は脳をコントロールするための大事な手段だ。心理的なストレスはのど、肩、胸腔を含む全身の筋肉を収縮させる。この収縮は呼吸時の肺の容量を小さくしてしまうため、呼吸はより早く、浅くなり、肺の上部にしか酸素がいかなくなり、高山病のような酸欠状態になってしまう。酸欠はまた、ストレス、いら立ち、焦りを引き起こす。これは逆に、人はストレス、いら立ち、焦りを感じると呼吸が速くなるとも言える。すなわち、呼吸がせわしないほど気分は落ち込み、呼吸がゆったりしているほど気分も落ちつき、呼吸が深いほど静かな気持ちになる。浅く速い呼吸は目に見えない暗殺者のように、体も心もむしばんでいくのである。

多くの人が知っているように、限られた時間でリラックスするには、吐く息も吸う息も長く深くすればよい。しかし、もっと効果的なやり方があることを知る人はあまりいない。それは腹式呼吸だ。腹で息を吸うとき、横隔膜は下にさがるが肋骨はもとのままで動かない。息を吸うときにふくらむのは胸ではなく腹だ。肺はさらにふくらますこともできるが、大事なのは腹部だ。

人間はまだ獣(けもの)だった頃、四つん這いで歩いていた。四百万年前、人間の祖先は立ち上がり二本足で歩きはじめた。直立によって体高は高くなり、他の動物とは一線を画した。他の動物から見た人間はまるで動く棒のようでおかしかっただろう。しかし今、我々は腹式呼吸によって逆に低くなろうとする。より低い位置で息をし、より大地に近づき、もともと人間の祖先が四つん這いで地面をはっていたときに返ろうとする。人類は進化したが、二足歩行は高血圧、頸椎症、背部の疾患などの副作用をもたらした。

腹式呼吸は、まず手を腹部にあて、下腹に空っぽの湖があるとイメージする。次にその湖にきれいな水を流し込む様子を想像しながら、ゆっくりと深く息を吸おう。腹部の手は息を吸うときに押し出され、吐くときに沈んでゆく。

通常、人はリラックスしているときには腹式呼吸をし、ストレスを感じているときには力のいる胸式呼吸をしている。多くの人にとってリラックスというのは通常の状態ではないので胸式呼吸が「通常の」呼吸となる。トレーニングすれば無意識の状態でも腹式呼吸ができるようになる。このような呼吸をすると、脊柱が体の内部でマッサージされ、外からのマッサージでは得られない効果が得られる。ストレスを感じているときでも腹式呼吸ができるようになれば、これは無不為のときでも無為を実現できたということであり、すなわちストレスに打ち勝つことができたということである。

長期のストレスはさまざまな不調を引き起こす。免疫系をこわし、血圧の上昇や精神の緊張をもたらす。精神を集中し効果的な呼吸をすることをマスターすれば、ストレスを弱め、その悪影響を解消することができる。なかにはストレス解消のため、たばこやギャンブル、ドラッグに溺れる者もいる。精神を集中するため、あるいは悩みから逃れるためにこのような行為に走るのだが、実際は自分の体を傷つけ、無駄な出費をするだけで、のちのち後悔することになる。一方、正しい呼吸は健康的でお金もかからず、けっして後悔するようなことにはならない。

呼吸するときは満たすことより空っぽにすることの方が大事だ。しかしほとんどの人は呼吸のような日常的な行為を含め、どんな事においても満たすことを追い求める。人がどんなふうに呼吸しているかちょっと観察してみよう。きっと吐くことより吸うことをがんばっているはずだ。常識的には、吐くことは消極的で吸うことは積極的だと考えられているようだが、もしこのような常識によって呼吸すれば、肺の中の空気はうまく循環されないだろう。解決法は満たすことではなく空にすること。意識的により多くの息を吐いて肺を空っぽにすれば、吸うときは自然にまかせればよい。水泳のコーチは息を吸う前にまず徹底的に息を吐くように教える。吐く息をなるべく長く、一定にしてみよう。そしてこの吐き方と腹式呼吸を同時にしてみよう。まるで潮の満ち引きのように、腹部にあてた手は息を吐くときは深く沈んでゆき、息を吸うときは大きく押し出される。誰かに「何してるの?」と聞かれたら、「なんにも」と答えよう。人は何もしていないときでも呼吸はしている。吐くことと吸うことのあいだに本当の無為がある。

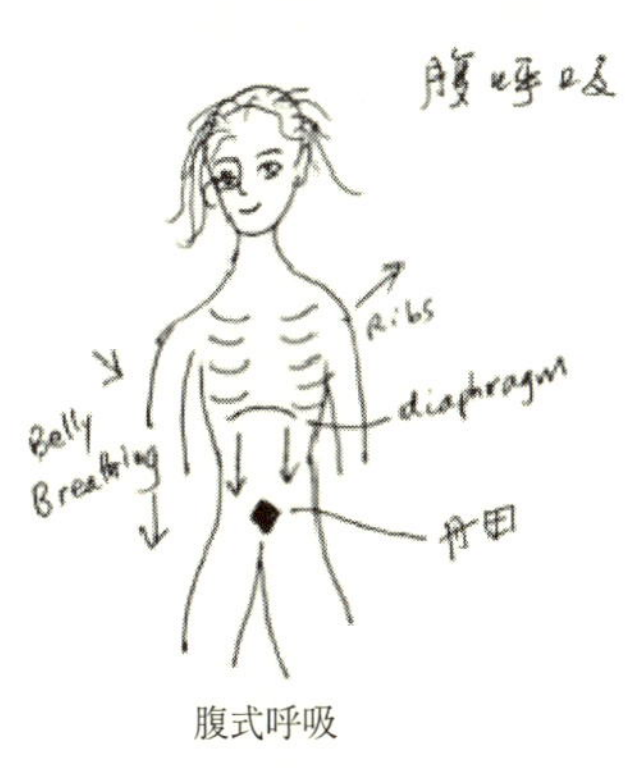

腹式呼吸

吐くことと吸うことの間隔を広げるのがあくびだ。口を大きく開け、体を伸ばし、舌を縮めてする深呼吸であり、人生におけるささやかな休憩、退屈な日常の小休止、また、体が無為を求めていることの表れでもある。腹式呼吸はあくびに似て無為であり、体に休息をあたえるが、このとき、胸部は実際何もしていない（無為）。吸うことと吐くことのあいだで休息をとる。この間隔をコントロールしたり広げたりして、呼吸器系を休ませることができる。実際、このとき人は無不為だ。宇宙の息吹に気づき、命の循環を回復させ、無限の世界に遊ぶ。

胸式呼吸から腹式呼吸への転換は一種の反転（反ること）だ。あらゆる反転は新しいチャンスを意味する。生まれてからずっとまちがった呼吸法をつづけてきた肋骨を休ませるときが来た。

石の中にも真理を見いだす古の賢者。

第十七章　学ぶこと

生きて行く上で、まちがったことをしたり、誤解したりというのは避けられないことだ。しかし、我々はつねにそれを修正し、最後には目標を達成する。

現在、人は情報を追い求め、より多くの知を得ようとする。専門技術を身につけ、賢い人間になろうとする。情報とは事実やデータのことであり、知とは事実とデータを結びつけることだ。ドイツの詩人ライナー・マリア・リルケはこう警告した。「そもそも手に入らない答えを追求するな。大事なのは体験だ。いまこそ問題そのものを楽しもう」。我々は心の中にある未解決の問題にじっくりと向き合い、問題そのものを愛してみよう。

自分の無知を自覚するのが最高なのだ。
自分の無知に気づかない、それこそ欠点なのだ。
欠点を欠点だと考えるからこそ、
それで欠点が避けられる。
聖人には欠点がない、
かれは欠点を欠点だと考えるから、
それで欠点が避けられるのだ。

（『道徳経』第七十一章）

孔子にも同じような言葉がある。「自分の知っていることは他人に知っていると言ってかまわない。自分の知らないことは、他人に知らないと答えなければならない。これが本当の知るということなのだ」（注1）。また、ソクラテスも言っている。「私は人より多くのことを知っている。なぜなら、私は自分が無知だと知っているから」

道を踏み外したくなければ自分の無知を知り、自分の限界に気づくことだ。普通の人が知ったかぶりをすれば滑稽(こっけい)だし、ある意味勇気があるとも言えるかもしれない。しかし、大きな権力を持つ者が知ったかぶりをすると大変な破壊をもたらす。無知に権力が加わるのは最悪だ。

このように見てくると、悪い事態を避けるには学ぶのが一番らしい。孔子は、学を修めたものだけが良い君主になれるとした。ところが、老子はこれに対しあえて挑戦的な立場を取る。

学を絶てば憂いなし。
ハイとイイエ、そんなに違いがあるだろうか。
善と悪、どれ程の違いがあるだろう。
聖人が恐れるものを恐れないわけにはいかない。
夜明け前、私はひとりだ。
人々は忙しく動いている。
まるで盛大な宴のように、
春の見晴らし台に登るように。

注1　訳注『論語』為政篇より。

『道徳経』の言葉を鵜呑みにし、勉強を投げ出す学生たち。

私だけがひとり静かだ。
まだ形を持たないもののように、
まだ笑わない幼子（おさなご）のように、
帰る場所のない迷い人のように。

（『道徳経』第二十章）

この「学を絶てば憂いなし」という部分は、一見すると、学ぶことをやめれば心配事がなくなると言っているように見える。しかし老子は本当にすべての知を捨てろと言っているのだろうか。人はこれに対し、大きく分けて三つの解釈をしてきた。

第一の解釈では「絶」の字を捨てるという意味ではなく最高という意味にとらえる。学びが最高に極まれば、心配事がなくなるという解釈である。

第二は儒学者による伝統的な解釈で、瑣末（さまつ）なことにこだわらず学んでいけば悩みがなくなるというもの。

その時その時の方向は全部まちがっているけど、
修正をつづけていけばゴールに近づけるよ。

第三は字面通りの解釈で、学ぶことを一切やめれば悩みがなくなるというものだ。

第一の解釈は老子の一貫した主張に合わず、老子が孔子になってしまっている。第二は一種の折衷案であり、我々にも理解しやすい。しかし、老子は明らかに、知をすっかり捨て去れと言っている。人の悩みは知から生まれる。人がものごとを分析するとき、運命をコントロールしようとするとき、あるいは宇宙の支配者になろうとするとき、大変な事態に陥る。だが、学ぶことを完全にやめることなど本当に可能なのだろうか。実を言うと、老子の言い方は少し大げさなのだ。

イラストの中の少女はゴールに向かって走っているが、その時その時の方向は全部まちがっている。はじめ左に向かって走るがあまりに行きすぎるのはよくない。そこで今度は右に向かって走るが、それも行きすぎるのはよくない。それでも最後にはゴールにたどり着く。なぜなら、その時々

師匠の言葉の真意を理解してね。そうしないと、溝に落ちちゃうよ。

で左から右、右から左へと自分の向かう方向を修正するからだ。修正するごとにゴールとの距離がしだいに縮まる。我々も毎日同じようなことをくりかえしている。車をまっすぐ走らせるときも、ハンドルを左へ少しまわし、右へ少しまわしという動作をつねにくりかえしている。

車が氷の上を左にすべり始めたら、行きたい方向はまっすぐでもハンドルを右へまわす。そうしなければ溝へ落ちてしまうからだ。生きて行く上で、まちがったことをしたり、まちがったことを言ったり、あるいは誤解したりというのは避けられないことだ。しかし、我々はつねにそれを修正し、最後には目標を達成する。「徹底してコースを変えず」、修正を拒(こば)んでいると悲惨なことになってしまう。南へ向かったり北へ向かったり、それぞれの方向が全部まちがっていたとしても、その時々で方向転換したり、自分を反省したり、行ないを修正したりして正しい方向へ向かうよう調整する。車が右に向かえばハンドルを左に切ることで前進する。たくさんのまちがいとたくさんの自己修正をかさねて最後にはゴールにたどり着くのだ。

もし堤防の上を走っている自転車が左に寄ったら、我々は直進させようとして「右！」と叫ぶだろう。老子が学ぶことをやめよと言うのもまちがった方向を示しているように見えるが、やはりその言葉は正しい。我々はそのアドバイスを言葉通りに受け止め、極端な方向に向かってはいけない。少女がゴールに向かってジグザグに進むように、また、車を直進させるときハンドルを何度も左右にまわして調整するように、「正しい方向」はたくさんのまちがった方向が互いに打ち消し合った結果得られるものなのである。あらゆる知を捨てよという老子の言葉を受け、詰め込み学習をやめるのなら、老子のアドバイスはやはり正しいのだ。

知は人を助けてくれるが、人はまた知に操作されることもある。もし知を信じ込むだけで自分の感覚にたよることがなければ、まちがった道を歩むことになる。賛成だの反対だの、問題を複雑にする意見など投げ捨て、自分の道をしっかりと進もう。

色とりどりの色彩は、人の目を盲にさせ、耳に快い音楽は、人の耳を聾にさせ、豪勢な食べものは、人の味覚を傷なわせ、馬を駆って狩をすることは、人の心を熱狂させ、珍しい品物は、人を盗みや強奪に走らせる。かくて聖人は、民の腹を満たすことだけを求めて、民の目をくらませるようなことはしない。だから目を求めないで腹を求めるのだ。

（『道徳経』第十二章）

世の中にあふれる眩いばかりの色彩に我々は気を取られる。ぱっと見の印象や作りものの知にまどわされず、自分の考えと直感を信じよう。

荘子の「庖丁解牛」という物語は、牛をさばく技がすばらしいことで有名になった料理人の話である。その手さばきはまるで舞を舞うようで、包丁の音は音楽のようだった。その技を見た君主の文恵がそのみごとさのわけをたずねると、料理人は包丁を置いてこう答えた。

道に従えば、技は私についてくるのです。最初、牛をさばき始めた頃は牛の全体の姿しか見えませんでした。三年後には牛全体の姿は少しも見なくなりました。目ではなく心で見るのです。感覚を止めたいと思っても精神は動きつづけるのです。ただ天の法則に従うだけです。腕の良い料理人は一年に一度は包丁を換えます。材料を切るからです。月並みな料理人は一カ月に一回包丁を換えます。材料を叩き切るからです。私はこの包丁で何千もの牛をさばいてきましたが、十九年ものあいだ取り換えていません。それでもまるで新品のような切れ味です。この包丁の刃は薄く、牛には広い隙間があります。広い隙間に薄い刃が入るだけですから何の力もいりません。(注2)

牛をさばく料理人の技がこのようにみごとなのは、牛を全体として見るのではなく、部分部分とし

繋がれていない舟のように漂う。

て見ているからだ。包丁を使う際はただ自然の法則に従うだけで、いわゆる「技」など気にしていない。技は伝えることができるが、精神や直感は伝えられない。これはすなわち無為、あるいは学を絶つということだ。老子が我々に勧めているのは月並みな料理人のおさだまりの技術ではなく、軽々と仕事をこなしてしまう最高の料理人の能力の方だ。これこそが本当に学ぶべきことなのである。

世の中にはあふれるほどのハウツー本があるが、それによって自分の知恵や直感を窒息させないようにしよう。何を指標として生きるかを学ぶことはできない。ならば自然に従い、自分という刃（やいば）をいつまでも鋭いままでいさせよう。

荘子は老子に共鳴し、次のように言った。

技をもつ者はあくせくしないといけないし、

注2　訳注『荘子』養生主より。

頭のよい者は悩まないといけない。
無能な者は目標をもつこともなく、
腹いっぱい食べ、好きなようにぶらついていればよい。
まるで繋がれていない舟のように。（注3）

これは必ずしもあらゆる技を否定しているのではないが、我々はおさだまりの道から自由になった方がよい。空を見つめてもよいことにし、水の流れは変わるという現実を認め、舟が予測しない方に向かってもそれを受け入れよう。自分を解放すれば、まわりの美しい景色を自由に楽しむことができるし、次はどの港に舟を繋ごうと思い悩む必要もない。おだやかな気持ちは我々の心を照らし、知の門を開いてくれる。そして知の光は我々のまわりを明るく照らすだろう。もしこの世界を楽しくしたいのなら、まずは自分から楽しくしよう。これこそ一番学びにくいことだが。

上士は道の道理を聞くと、いそいでそのとおりに実行する。中士は道の道理を聞くと、半信半疑だ。下士は道の道理を聞くと、内容がないとして嘲笑する。笑わなければそれこそおかしい。

（『道徳経』第四十一章）

道は我々のためだけではなく、みんなのためにある。しかし、すべての人が主体的にそれを自分のものとし、使いこなすことができるというわけではない。もしそんなことができたら、かなり賢い人間になれるよね？　たぶん。

もし、老子の教えがありふれた「常識」だったら誰も笑わないだろう。しかし老子の思想は人を不快にさせるほど挑戦的で独創的だ。保守的な人はタオイズムの思想はばかげていると笑い飛ばすが、これは老子に痛いところを突かれているからこそなのだ。老子はこのような人々を愚か者と呼ぶが、我々にはこの「愚か者」が必要だ。「愚か者」がいなかったら、老子の道も存在しなかっただろう。

理解するというのはむずかしい。命は短く、宇宙は限りなく、理解できないことは山のようにある。しかし、たとえこの世が悲劇に満ちていたとしても、我々がこの人生を楽しむことができたなら、それはまるで良質な喜劇のようになるだろう。

注3　Zhuangzi, *The Inner Chapters*, trans. A.C.Graham（Indianapolis: Hackett Publishing Company, Inc., 2001）, 142（訳注　出典は『荘子』列御冦第三十二より）

第十八章　正義

正義のために行動するときは、問題をさらに増やしてしまわないよう気をつけよう。そうでなければ、何もしない方がましだ。

正しい方法で国を治め、
奇抜な方法で軍を動かし、
作為しないことで天下を統治する。

（『道徳経』第五十七章）

老子の言う正義という概念にはおどろかせるという一面があるようだ。将棋で相手の不意を突いて攻撃するのは無不為だ。日常生活においては、正義と公平のルールを破らない限りどんなサプライズをしかけたってよい。ただし、このときも心は無為の原則に従っていなければならない。前にも確認したように、ものごとは予測しない方に向かう可能性がある。同時に我々は、過去、現在、未来のいろいろな心配事に縛られてはいけない。これらは人がコントロールできるものではない。我々にできるのは作戦を考え、相手の不意を突き、冷静でいることだ。

ものごとが安定しているうちは、その安定を保ちやすい。
ものごとが変化のきざしをあらわさないうちは、手立てをほどこしやすい。
ものごとがかすかなうちは、解消しやすい。
ものごとが小さいうちは、散らしやすい。
ものごとが生じないうちに処理してしまい、
ものごとが混乱しないうちに収めてしまう。
抱きかかえるほどの大木も、
小さな芽から生まれる。
九層もの高殿も、
ひともりの土から築かれる。
千里もの遠出も、
足もとの一歩から始まる。

（『道徳経』第六十四章）

以前、講義の中で「この世界に干渉しすぎてはいけない」と言った。そしたら、こんな質問をした学生がいた。「では悪いことにはどう対処すればよいのですか。ただ傍観し放っておけと言うのですか」

時として災難が起こるのは避けられないことである。世の中でなにか悪いことを目にしたとき、人はまず何らかの行動を起こす。目には目を、歯には歯を。これでこそ公平であり、正義だと考える。また、何らかの行動によって問題をすみやかに解決できると考える。しかし、我々はまず自分の良心を高め、胸に手を当ててこう自問しよう。武力で「悪者」を排除することが本当に問題の解決になるのだろうか、と。問題を引き起こしたのが本当にその「悪者」なのかも知らずに「帝国の逆襲」式の連鎖反応をすれば、混乱と報復を生むだろう。もしよく考えもせずに行動すれば、その行動によって引き起こされる問題をも解決しないといけなくなる。理想は、悪の発生自体を阻止することだ。問題が起こる前なら解決もむずかしくはない。

不公平な出来事に遭ったとき、行動した方がよいのか、しない方がよいのか、我々はわからない。一般に、行動を起こす人間は強く、道徳的であり、行動しない人間は弱く、道徳に欠けると考えられている。しかし本当は、無為も同じように道徳的であり、その実践には強さと正義感が必要だ。

多くのアメリカ人はサダム・フセインを悪党だと思っている。九・一一事件後アメリカはイラク攻撃を始めたが、この事件とサダム・フセインとの関わりは明確ではなかった。そして今、イラクはアメリカの侵攻により混乱の中にある（注1）。政治アナリストはいまだにフセインを失脚させたことの是非を議論している。今後、「無為」は思想的にも道徳的にも行動することと同じように公平だと考えられるべきだ。行動をとらないからといって、必ずしも悪を支持していることにはならない。すぐに行動をとらない人間を弱いと見なしてはいけない。無為とは自然に反することをしないことだ。人権は自然の一部だ。だから正義のために行動を起こすときは、自然の道に従おう。正義のために行動するときは、問題をさらに増やしてしまわないよう気をつけよう。そうでなければ、何もしない方がましだ。

注1　編集者注　本書が執筆されたのは二〇〇八年。

のんびりと自然の法則に従おう。

第十九章　働くことと休むこと

人は労働時間も通勤時間もなるべく減らした方がよい。たとえ、そのせいで高い家具が買えなくなり、大きい家に住めなくなっても。

一瞬の短さに悩んではならない。一瞬があってこそ永遠があるのだから。無為でいることを恐れてはならない。無為があってこそ無不為があるのだから。

何もすることがないのなら何もしなければよいし、やりたくないのならやらなければよい。休んでいるときにやましい気持ちになることはないし、苦しんで働くこともない。

タオイズムでは「本をもって精とし、物をもって粗とし、積まれたものをもって不足とし、独りやすらかに神明とともに居る。古(いにしえ)の道術にはここに立つものがあった」と言う(注1)。パンを手に入れることはもとより大事だが、その美味しさを楽しむことはもっと大事だ。

ロンドン・スクール・オブ・エコノミクスの経済学者リチャード・レイヤードは労働と幸福についての典型的な例を挙げた。氏によれば、イギリス最大の社会問題はもはや失業ではないという。同国で失業手当を申請している失業者数は百万人弱なのに対し、障害給付の受給者数はそれ以上だ。不況や社会的ストレスが仕事に適応できない人々を多く生んでいると考えられる。レイヤードら政策に関心をよせる経済学者にとって大事なのは、たんなる就業率のアップではなく幸福指数を上げることだ。

がんばって仕事をすれば最後にはゆっくりした時間があたえられるという幻想を我々はつねに抱いている。豊かな社会ほどのんびりし、人々は労働から解き放たれ、上質な生活を楽しむことができるというのは、資本主義者ジョン・メイナード・ケインズの予測だ。また、資本主義に反発したカール・マルクスも、生産によって財産を得た者は文化と教育のなかで休息を楽しむことができると予測した。もし我々がこれらの予測の半分でもよい生活をしていれば、どんなに満足なことだろう。現在、人々はより多くの商品を手に入れようと懸命に働き、これらの商品が自分に幸福をもたらしてくれることを願っている。皮肉なことに、ケインズがもてはやされるアメリカにおいてもマルクス主義が尊重される中国においても人々はあまりに働きすぎている。あらゆる手段により、あらゆる方法で、また、あらゆる場所で、あらゆる時間を使って働くが、それで得られたご褒美はすぐに魅力を失ってしまう。社会的により高いクラスに入ろうと追いつき追い越せのレースに身を置くが、結局思うような成果は得られない。一八三五年、アレクシ・ド・トクヴィルはアメリカ人について「こんなに多くの恵まれた人々が、豊かさのただ中で不安を感じている」と言ったが、これは現在も同じだ。これはなぜだろう。アメリカ人はより豊かになり、太平洋の向こう側の隣人もまた同じく豊かになった。二十一世紀の中国人は数十年前にくらべずっと多くの物を所有するようになったが、多くの人は他人を羨ましがってばかりいる。隣りの人は自分よりたくさん持っていると目を赤くするのだ（英語では緑色の目 green-eyed で嫉妬を表すが、中国語では「紅眼」と表現する）。

多くの人は自分のことだけではなく他人のことまで気にしてしまう。仕事を成功させただけでは満足せず、なんとか同期に勝ってやろうとする。このような競争意識は大自然の中にも存在している。木のてっぺんにいるサルはより多くのパートナーとバナナを手にする。下の方の枝にいるサルもパートナーとバナナを有しているが、てっぺんのサルは自分より多く持っていると考え、心休まることがない。人間もまたなるべく高い位置に上りたいと毎日残業をかさねる。自分と仲間の休憩時間を犠牲にして這い上がろうとする。自分自身を犠牲にしているだけではなく、格差による悩みを同じように抱える人たちをも傷つける。同僚も自由な時間を捨ててついて行くしかなくなる。他人が少しでも仕事を減らしてくれたら自分もこんなにがんばらなくていいのにと多くの人は感じているが、一方的にそう思うだけでは

注1　訳注『荘子』天下より。

太陽を追う夸父（こほ）

実現しない。それどころか、がんばって働かなければ他のがんばっている人に今の地位を奪われてしまうと考え、敗者になることを恐れる。

人は労働時間も通勤時間もなるべく減らした方がよい。たとえ、そのせいで高い家具が買えなくなり、大きい家に住めなくなっても。現代人は中国の古代神話に出てくる夸父（こほ）のようになってしまった。大男の夸父はあるとき太陽を追いかけると決め、弓から放たれた矢のように駆け出した。しかし、あまりの暑さとのどの渇きに足を止めた。このとき、前方にごうごうと勢いよく流れる黄河が見えた。そこでまっしぐらに黄河に向かうとその水をすっかり飲みほしてしまった。その後、夸父は渭河（いが）の水も飲みほしたが、暑さと渇きはおさまらず、さらに北の湖沼へ向かった。しかし残念なことにその途中で力尽き、死んでしまった。この物語は中国で、「夸父日を追う」ということわざになっている。すなわち、自分の能力をわきまえない人のことを言うのだが、これはギリシャ神話のイカロスと同じだ。イカロスは蝋（ろう）で作った翼をつけて太陽に向かったが、太陽に近づくとその熱で蝋が溶け、水に落ちて死んでしまった。

今も、世の中にはたくさんの夸父とイカロスがいて、それぞれの太陽、すなわち成功を追いかけている。しかし現代人は夸父やイカロスよりもっと悲惨だ。たった一人で太陽を追いかけた夸父は自由に休んだり水を飲んだりできたが、現代人の場合は自分が追いかけるだけでなく、他人からも追いかけられているからだ。夸父はひたすら太陽を追いかけるだけだったが、現代人は自分にとっての太陽を追いかけるだけでなく、ライバルに追いつかれないか後ろも気にしなければいけない。のどが渇こうが暑かろうがくたくたになろうが、一時（いっとき）も休むことはできない。頭上の太陽はどんどん先に進むし、後ろからはライバルが間近に迫って来るからだ。多くの人は「何年働いていくら稼いだら引退する」と言う。一部の幸運な人たちは本当にその目標を達成し、つらい労働と引き換えに手に入れたのんびりした生活を楽しむことができる。しかし残念ながら、多くの人はそのご褒美を楽しむ前にこの世を去るか病気に倒れてしまう。ある人は定年前に早世し、またある人は何年働いてもたいした貯蓄が残せない。太陽はあるのにそれを追いかける人はいなくなってしまう。

仕事なんかやめて気楽に生きろと言っているのではない。むしろ仕事は長期的な楽しみをあたえてくれる。仕事を通して洞察力や創造性、やる気を高めることができる。人にとっての最高の喜びとは仕事

小部屋から外の景色が見える大きなオフィスに移った李さん。
なのに山の稜線がナスダックのチャートに見えるとは残念……

をやり遂げたときの喜びだ。読書、音楽鑑賞、庭園の散歩、これらももちろん楽しいが、幸運な人は仕事に没頭することで満足感を得ることができる。まさに、詩人W・H・オーデンの言う「仕事の中で我を忘れる」である。オーデンの詩によればそれは外科医があざやかな一刀目を下ろした瞬間であり、事務員が一枚の船荷（ふなに）証券を書き上げた瞬間だ。仕事に没頭しているこのような境地は、無不為の中で無為を実現していると言える。

仕事に没頭しているとき、人はそのことに集中し、個人的な問題に悩む時間はなくなる。仕事とは結果ではなくプロセスであり、受動的なものではなく主体的なものであり、対決ではなく協調である。太陽を追いかければ限りない苦しみがあるだけだが、ゆっくり昇る太陽の下ジョギングすれば、悩みはなくなり軽やかですがすがしい気分になれる。

第二十章　名誉と利益

我々は日常生活のなかでたくさんの重荷を背負っている。重荷を自分の一部だと思いこみ、それを手放して自由になれることを忘れてしまっている。

名声と生命とではどちらがより身近か。
生命と財産とではどちらがより重要か。
得ることと失うことではどちらがより有害か。
このことから
惜しみすぎるとかならずより多くの散財を招き、
豊富に貯蔵すればかならずひどい損失がある。
満足することを知れば、辱(はずか)しめにあわずにすみ、
適当にとどめることを知れば、危険にあわずにすみ、

魚「こういう愚か者がもっと沈んで来ないかなあ」

いつまでも安全でいられる。

（『道徳経』第四十四章）

唐代の偉大な詩人で思想家である柳宗元は、柳州の刺史（知事）に任ぜられ、次の「哀溺文」（『柳河東集』）を記した。

柳州の人々はみな泳ぎがうまい。あるとき、五、六人の人が増水した川を舟で渡ろうとした。しかし川の中ほどで舟の中に水が入って来たので、皆は水に飛び込み泳ぎ出した。ところが一人の男は懸命に泳いでいるのに、いつものようにうまく泳げない。友人が「おまえは泳ぎが得意なはずなのに、なぜこんなに遅いんだ」と叫ぶと、「腰につけている千銭の金が重すぎるんだ」と言う。また友人が「金をはずしたらどうだ？」と言うと、男は答えずただ首を横にふるだけだった。そして男は力を使い果たしてしまった。岸にたどりついた者が立ち上がり、男に向かって「ばかやろう！　溺れてしまうぞ！　死んだら金など役にたたぬではないか」と叫んだが、男はふたたび首をふるとそのまま溺れ死んでしまった。

柳宗元はこれに対し、「とても悲しい話だ。わずかばかりの財産のために死んでしまうなんて。しかし、たくさんの大物が大金のために死んでいる」と言っている。

また、シェイクスピアは『アテネのタイモン』（注1）でこう書いた。「金（きん）？　黄金色でピカピカした、あのありがたい金のことか？　……たったこれだけでも黒を白に、醜を美に、不良を良に、安物を高級品に、老人を若者に、腰ぬけを勇者に変えてしまう」。私はここにもう一つつけ加えたい——生を死に。

世の中の強盗は誰に教わったわけでもないのに、みな「金か命、どちらかを選べ」と言う。そして、ほとんどの人は自分の命を選ぶ。しかし、強盗にピストルを当てられていなければ、自分が生か死かの選択に迫られていることに気づかない者が多い。川で溺れた男のように、老子の「生命と財産とではどちらがより重要か」という問いに答えられない。普段の生活の中で、これら財産を愛する人がすぐに溺死してしまうというわけではないが、その重すぎる荷物は遅かれ早かれその身を滅ぼしてしまうだろう。

注1　訳注　以下の邦訳あり。ウィリアム・シェイクスピア著、小田島雄志 訳『シェイクスピア全集　アテネのタイモン』白水社　一九八三年

溺死した男が腰の銅銭を捨てて命を守らなかったのは、あまりに頭が悪かったためと考えてはいけない。歴史上、たくさんの偉人たちが同じようなまちがいを犯している。彼らを水の中に引きずり込んだのは、名誉と利益という二つの重荷だ。実際、中国にはこの二つの言葉を合わせた「名利」という言葉がある。名利のために命を犠牲にする者たちを老子は強く批判するとともに、このような問いを発する。

「名声と生命とではどちらがより身近か。生命と財産とではどちらがより重要か。得ることと失うことではどちらがより有害か」

項羽は秦代末の楚の国に生まれた悲劇の英雄である。春秋戦国時代、楚は秦に征服された。項羽は大沢郷の反乱に乗じ、会稽郡で郡守を斬ったのち秦を打倒すべく決起した。鉅鹿の戦いを経て都に入り秦を滅ぼすと、その名声は天下にとどろいた。秦に対し決起した者のなかにはかの有名な劉邦もいた。項羽が名声と礼儀を重んじる名家の生まれだったのに対し、劉邦は平民の生まれだったが、機を見るに敏で行動は自在だった。このため、この二人の覇権争いは中国文学や演劇の永遠のテーマとなった。

項羽には劉邦を捕らえる、あるいは倒すチャンスが何度もあった。はじめ、劉邦の勢力はまだ弱かったが、項羽は自分が弱い者いじめをすると思われたくないがために劉邦を見逃してしまった。そのもっとも有名なものが鴻門の宴である。項羽は劉邦を無理やりみずからの陣営に招待し宴を開いた。楚の軍師范増は玉杯をあげ項羽に劉邦を捕らえるよう合図を送ったが、項羽はためらい、動かなかった。そしてついに劉邦を無傷のまま逃してしまう。これは、項羽が天下の笑い者になりたくなかったせいである

メンツに負けた項羽。

が、老子の「名声と生命」の道理を理解していないことは明らかである。その後、劉邦の軍勢はしだいに強くなり、項羽を追い詰めてゆく。

　最終的に、項羽の軍は垓下の地に敗れ、兵も食料も尽き果て、劉邦の漢軍に取り囲まれてしまった。夜、漢の兵士たちが楚の歌をうたうと、項羽は愕然とした。「楚の兵士はみな漢に降伏してしまったのか。楚の人間のなんと多いことか！」そして項羽は愛する虞美人とともに最後の酒を飲む。虞美人はこのときまでずっと項羽の行軍に付き添っていた。項羽は愛馬騅を解き放ったがいっこうにそばを離れようとしない。虞美人が「これまで何度も舞を舞えと仰せつかってきましたが、私はその度に拒んできました。でも今夜は王のために最初で最後の舞を舞います」と言うと、項羽は「では私は歌で応えよう」と言って歌をうたった。これが有名な「垓下の歌」である。悲壮に満ちたこの詩は今でも十億を超える中国人の心を打つ。

力は山を抜き気は世を蓋う
時（とき）利あらず騅（すい）逝（ゆ）かず
騅逝かざるを奈何（いかん）すべき
虞や虞や汝（なんじ）を奈何せん

舞が終わると虞美人は自害した。項羽は漢軍に追われながら、東の烏江（うこう）という河岸へたどり着いた。烏江の亭長（宿場役人）は項羽に「早く河を渡ってください。船を持っているのは私だけなので、漢軍が来ても渡ることはできません」と言った。

項羽は笑って、「天が私を滅ぼそうとしているのに、渡ることなどできようか。昔、河の東の若者八千人を率いて河を渡ったが、今一人も帰らせることができない。河の東の者たちが私を哀れんで再び王にすると言ってくれても、私には会わせる顔がない」と言った（注2）。ここでも項羽は老子の「名声と生命」の道理をわかっていない。メンツのために再決起のチャンスを手放している。

頭をあげ、大軍が間近に迫っているのを見た項羽は馬から下りると剣を抜いて戦った。数百人の兵を倒したが、ついに力を使い果たしてしまった。このとき、漢軍に旧知の兵士を見つけた項羽は、「劉邦は私の首に千金をかけていると聞く。お前にひとつ手柄をやろう」と言うと、自らの首を斬って自害した。

項羽は自分のまちがいを顧みることもせずに、失敗は天と時のせいだとした。名誉を重んじるあまり宿敵をなんども逃し、メンツにこだわるあまり故郷で再決起することをしなかった。名誉を重んじた楚の覇王も、重すぎる銅銭のために溺れ死んだ男も、同じようにその重荷のために沈んでいった。

我々も日常生活のなかでたくさんの重荷を背負っている。重荷を自分の一部だと思いこみ、それを手放して自由になれることを忘れてしまっている。同期に先を越されるのを恐れ、人のうわさを恐れるあまり、知らず知らず自分をだめにしてしまう。我々は人の評価を恐れ、自分のイメージが悪くなるのを心配する。「自分は太りすぎじゃないだろうか」「私の車はみっともなくないだろうか」「自分はみんなに好かれているだろうか」とつねに考えている。

表面的なことや物質的なものが自分自身の一部と化し、切り離して考えられなくなってしまう。「名声と生命とではどちらがより身近か。生命と財産とではどちらがより重要か。得ることと失うことではどちらがより有害か」。老子の命題に対しいつも無意識に誤った答えを選んでしまう。老子の言葉は、このような者にとってよい処方箋になる。

このことから
惜しみすぎるとかならずより多くの散財を招き、

注2　Cyril, ed. *Anthology of Chinese Literature*, trans. Burton Watson（New York: Grove Press, 1965）, 121

豊富に貯蔵すればかならずひどい損失がある。
満足することを知れば、辱しめにあわずにすみ、
適当にとどめることを知れば、危険にあわずにすみ、
いつまでも安全でいられる。

（『道徳経』第四十四章）

携帯電話、クルマ、家……以前にくらべ現代人は多くの付属品を持つようになった。これらの付属品がまさにその人の人生の意味を失わせていることを当の本人は気づいていない。商売をしている私の友人があるとき携帯電話をなくしてしまったのだが、そこには数千人分の電話番号が入っていた。現代の中国人はみなコネや取引、交友関係に頼って生きているので、その損失はたいへんなものである。もし何かをしようとするなら、協力してくれる人を直接的あるいは間接的に探さなければいけない。コネがなければ完全に無力になってしまう。このようなわけで、彼は当然心配で落ち着かず、一日中なにもできなかった。ところが、自分のマンションに戻った彼を待っていたのは奇跡だった。これまでまったく注意を払っていなかったものが彼の目を奪った——マンションの前に植えられていた苗木が立派な大樹に育っていたのである。これまではいつも誰かと電話をしていたので、この変化に気づかなかった。その後、自宅に入り家族と夕食をとったが、その間、人生で初めて電話をしなかった。彼は顔を上げた。

鬢に白いものの混じったこの女性は誰だ――あの美しかった髪はどこに。このほっそりした少女は誰だ――以前はよちよち歩きしていたのに。この二人は妻と娘だ。十年ものあいだ二人をよく見ることもなかった。いま、彼はやさしい目で二人を見つめ、二人もほほえみで応えてくれる。あたたかな空気が流れ、何千もの電話により失われた十年が彼のもとに戻ってきたようだった。

はじめて彼は自宅で「無為」のときを過ごした。友人との付き合いもなく、仕事仲間との折衝もなく、いかにライバルを負かすかについて考えることもなかった。このとき彼は、無為でありながら、家族と心を通わせ、自分を見直すという無不為を実践していた。ここには得ることと失うことが同時に存在している。まさに老子の言う「ゆえに物事は減りながら増えることがあり、増えながら減ることがある」（『道徳経』第四十二章）である。彼は携帯電話を失ったかわりに、かつて失ってしまったもの、これまで気づかなかったもの、つまり自分の家族、喜び、生活を取り戻した。家庭はふたたび以前のようにすばらしい場所となった。無為のときは戻り、彼を損得勘定だけの世界から解放した。

「無為」になりたいからといって、携帯電話を投げ捨てる必要はない。いつもと違う簡単なことをするだけでよい。たとえば、電話を家において森で読書をするとか、木にメモを残すとか、両腕を開いて数分間立つとか、夜空に輝く星々を見上げるとか。宇宙でもっとも美しいもの、すなわち宇宙そのものを感じよう。自分のいつもと違う行動を人がどう思うか気にしないためには勇気がいるけれど。でも、もうその美しさを見逃すことはない。偉大なる無為と無不為である星の美しさを。

無為（実は無不為でもあるが）の過程で我々は欲ばりの心を捨てて自由を手に入れる。鎖は解き放たれ、宇宙は我々の目の前に姿をあらわす。

第二十一章　美

所有できないからこそ美は美なのであり、宇宙から美をうばったり、他の人がその美しさを味わうことを邪魔することはできない。

毛嬙（もうしょう）や麗姫（りき）は人からは美人とみられるが、それを魚が見れば水中深くかくれ、鳥が見れば空高く飛びたち、鹿が見ればいそいで逃げてしまう。

（『荘子』斉物論）

世界中の哲学者や思想家は美についての議論をもう数千年もつづけてきた。美はもはやひとつの謎である。もし美の意義を解き明かすことができたなら、自己の精神世界を救うことができると私は考える。旱魃（かんばつ）に苦しむ中国の農民にとって大地をおおう黒雲は世の中で一番美しいものだし、中世の騎士にしてみれば恋人のひとふさの髪の毛が世の中で一番美しいものだ。ウォール街のトレーダーにとってはナスダックで上昇をつづける株価が世の中で一番美しいものだし、数学者は完全無欠な方程式の証明のなかに美を見る。しかし実際は、これらの人々は美について語っているわけではなく、ただ満足を得ようとしているだけだ。美とは必要性ではない。また渇いたのどでもなく、なにかを得ようとして伸ばす腕でもない。それは精神的体験であり、燃える心、知を求める思いである。美とは実利ではなく、目標の達成でもない。

先生が斉の国にいらしたとき、韶（しょう）の楽（がく）をきかれ、感動のあまり三カ月の間、肉を食べても味がわからなくなられた。そこでいわれた。「まったく予期しなかったね、音楽がここまでゆきつけるとは」と。

（『論語』述而篇）

孔子が体験したのは本当の美だ。孔子は韶（しょう）の音楽を必要としたわけではないし、それによって生きているわけでもない。ただ、世の中に辱められ傷つけられながらも知を求めようとする自分の心を否定できなかった。孔子はこの音楽との出逢いによって、食欲という本能を超越した。美は自然である。アメリカの思想家Ｒ・Ｗ・エマーソンは言った。「人の高尚な欲求、すなわち美を愛する心は自然によって満たされる」

美とは異なり、成功は我々の必要性を満たしてくれる。成功は多くのものをあたえてくれるが、美のような感動はあたえてくれない。美とはゴールのないプロセスだ。美とは無為だ。なぜなら美を所有することはできないから。

人は世界のすべてを手に入れることはできない。もしそれが可能だとしても、手に入れたすべてをどこに置くのだ。人は世のなかの成功すべてを手に入れることはできない。もしそれが可能だとしても、その成功をどうやって受け取るのだ。

しかし人は、世のなかで一番美しいものを楽しむことができる。なぜなら、人はそれを所有することがないし、よそからそれを持ってきて自分の財産にすることはないからだ。美を眺め、体験し、感じることはできるが、それを手に入れることはしない。所有できないからこそ美は美なのであり、宇宙から美をうばったり、他の人がその美しさを味わうことを邪魔することはできない。成功は有限であり、

はるか上にあって
手に入れることができない美しさ。

美は無限だ。

老子は言った。「天下の人びとはみな、どのようであれば美しいとされるかを知り、そこに醜いということが生じた」（『道徳経』第二章）

人は美しいものを目にするとそれを手に入れたがる。美をめぐる争いはみにくい悪夢である。美が自分を観察し、浸みわたるまま、なにもせず、ただ自然にしていれば、自己を超えた世界で本当の美を見つけることができるだろう。

星空のもとに生まれ、その広大さによって心をはぐくまれた人々は自然を信じ、都市の喧噪やざわめきの中でも自分を見失うことがない。戦争の混乱、革命の無秩序、親しい者の死、またそれによって生じた痛みや悩みなど、苦しみに満ちた日常のただなかにいたとしても、星空はその人のために昔話を語り、心を癒し、痛みをしずめてくれる。そして、すべては短いあいだのことだと言うだろう。銀河は輝き、ナイチンゲールは歌い、流星ははしり、月は照らし、星はまたたく。昼間の騒がしさは去って夜は静けさを増し、すべての動きは止まる。潮は満ち引きをくりかえし、強風はやんで海はおだやかさを取り戻す。月の光は静かな水面で輝き、水は柳の根元でさざ波を立てる。すべておだやかな状態に戻るのは自然の法則だ。このような情景には人がおだやかで強い心を取り戻すための不思議な力がある。「すべては過ぎ去る」というささやきが遠くから聞こえ、一時的な悩みは忘れ去ってしまう。

美は宇宙という鏡にみずからを永遠に映しつづける。もし我々が鏡の一部となるなら、我々もまた美の一部となることができる。いつも花が満開に咲いている庭園を散策しながら、けっしてその花を摘むことはない。天使たちとけんかすることなく一緒に空を翔（か）け、ドラゴンを殺すことなくともに舞う。
美とは自由だ。世のなかの雑事から自由になり、努力と成功の鎖から自由になることだ。美と成功という二者選択において、荘子が選んだのは美だ。

荘子が濮水（ぼくすい）という川で魚を釣っていた。楚王はそこに二人の臣下をやり、楚の国を荘子にまかせたいと伝えさせた。荘子は竿をもったまま、ふりむきもせずに言った。「楚には神亀があるそうですな。三千年も前に死んだものだが、王さまは箱に入れ、廟堂の上にしまっておいでになるとか。この亀は死んで骨をのこし、人に拝まれたいのか、それとも生きたまま、しっぽを泥の中にひきずっていたいのかな」。二人の臣下は答えた。「それは生きていて、泥の中にしっぽをひきずっていたかったでしょう」。荘子は言った。「それじゃ、お帰り！　わたしも泥の中にしっぽをひきずっているとしよう」（注1）

一九七六年、私は中国史上もっともひどい自然災害、唐山大地震を経験した。震源は私が通っていた

注1　訳注『荘子』秋水より。

学校の近くだった。死傷者数は人類史上最悪で、二十四万人以上の死者を出した。その夜はずっと、大海の波にゆられる小船の中にいるかのように、世界全体が揺れている感じがした。私たち学生はみな宿舎から飛び出し、運動場の真ん中へ集まった。そしてそれから何日も屋内へは入れず、外で過ごした。数日後、巨大な余震がやって来たときは、宿舎や講義棟が風に吹かれる草のように揺れるのを見た。大自然の威力を目の当たりにし、私たちはみな立ちすくんだ。

袁さんという女子学生が突然「きれい」と言ったが、みんなは黙っていた。その女子学生をなぐったり、反革命分子だと非難したりする人はいなかったし、ふざけすぎだと思う人もいなかった。ただそれぞれの思いに深く沈んでいた。

袁さんの言葉は何年も私の頭を離れず、十年後、彼女が自殺したと聞いたときはなおさらだった。あの災厄のなか、袁さんはどんな美を見たのだろう。自分たちの講義棟、キャンパス、宿舎。あの夜、私たちには寝る場所もなく、教室にも入れなかった。これが美だろうか。

彼女が見たのは自然の威力だったかもしれないし、普段当然と思っているものが引きちぎられてしまうことがあるという事実だったかもしれない。また、死を見たのかもしれないし、自然災害に歯向かおうとする人間の姿を見たのかもしれない。もしかしたら、彼女にとって美は結果とは無関係で、日常的な利害から切り離された未知の世界のものだったのかもしれない。

荘子はこれから語る物語のように、創造主の破壊行為のなかに美を見るが、袁さんはこれに強く共感

四人は心から共感し合った。

するだろう。——子祀（しし）、子輿（しよ）、子犂（しれい）、子来（しらい）の四人が互いに語りあった。「無を頭、生を背骨、死を尻としているものがいれば友だちになりたいものだ」。みな顔を見合わせて笑った。四人は心から共感し合い友人となった。

　その後、子輿が病気になり、子祀が見舞いにおとずれた。「造物者はたいしたものだな！」子輿は言った。「私の体をこのようにひん曲げてしまった。目と鼻と口は上を向き、背中は折れ曲がり、頬はへそにくっつき、肩は頭より高くなり、くびの骨は空を指している。陰と陽がすっかり乱れてしまった。でも私の心はやすらかだ、井戸の水にうつった自分の姿を見たとき、『なんとまあ、造物主はひどくひん曲げたものだ』と言ったよ」。子祀は言った。「腹は立たないのか」。子輿は言った。「腹を立てる？　とんでもない。もし私の左腕が鶏になったら、明け方に時を告げるとしよう。もし右腕がはじき弓になったら、それでふくろうを狩ろう。私の尻が車輪になったら、私の心はそれに乗って出かけよう。もう馬は不要だ。時が来たら手に入れ、時が去ったら失う。時に従っていれば悲しみや喜びにかき乱されることはない。昔の人はこれを『結び目をほどく』と言った。結び目をほどくことができないなら、人は逆にものごとに縛られてしまうだろう。ものごとはけっして天には勝てない。私がどうして腹を立てることがあろう」

その後、子来（しらい）が病気になり、危篤となった。妻と子どもたちはまわりをかこんで泣いた。子犂（しれい）がやって来て妻と子どもたちに言った。「離れなさい。子来（しらい）の邪魔をしてはいけない」。そして、戸によりかかり子来に話しかけた。「造物主は偉大だな。次はきみに何をし、どこへ連れて行くのだろう。もしかしたら、君はねずみの肝（きも）や虫の脚にされてしまうかもしれない」

子来は言った。「親に言われれば、子どもは東西南北どこへでも行くだろう。陰陽の命令なら人はそれに従うだろう。死ねと言われているのに、それを拒むのは自分勝手だ。陰陽はなにも悪くない。天地は私の体をのせ、私を一生働かせ、年をとるまで養い、そして今死なせようとしている。それは私に命をあたえ、また死をあたえる。鍛冶屋が鉄を打つとき、もし鉄が跳び上がって『世界一の名剣になりたい！』と言えば鍛冶屋は不愉快だろう。もし人が、『また人間に生まれたい！』と叫べば造物主は不愉快だろう。天地は大きな炉で、造物主は鍛冶屋だ。なんでも思うままにすることができる」（注2）

袁さんの声は、暗闇への恐れに震えるうす暗い灯（あか）りのように、学生たちの沈黙のなかに消えた。普通の状況なら、彼女は反社会的とがめられたかもしれない。しかしあのとき、あのような状況に直面していた私たちはみなショックを受けてだまっていた。自然が健康な人を障害者に変えるのを見た荘子のように、袁さんも自然が自分自身をねじ曲げてしまうのを見た。彼女は哲学者ではないが、しかしその思いは荘子の思想と接触して光を放ち、二千五百年の時をこえて輝く。このとき、美は無不為だ。自然は万能であり、宇宙を創りだすことも破壊することもできる。人がごく当たり前と思っている法則でも、変えてしまったりなくしてしまったりすることができる。この無不為に気づくとき、我々自身は無為になることができる。無為と無不為のあざやかな対比を見るとき、我々の心は浄化され、心配、予測、後悔は意味のないものとなる。無為と無不為の対比は美しい。

　本当の美とは、人が理解できないものだ。アーティストは美しい色、線、形を創り出す。そこに示されている美

中国絵画の永遠のテーマ——高山

注2　訳注　『荘子』大宗師より。

は目に見えるが、形から理解したり言葉で説明したりはできない。伝統的な中国の絵にはしばしば、雲霧をまとった高山と曲がりくねった流れに舟を浮かべくつろぐ漁夫が描かれる。自然は雄大で人はちっぽけだ。画中にはよく、雪、東屋（あずまや）、渓流、山が登場する。中国では「瑞雪は豊年のきざし」と言うように、雪は冬の厳しさを表しているというよりは、春のおとずれを象徴している。

東屋は休息し、風景を楽しむ場所だ。また、心と宇宙をつなぐ大きく開かれた窓でもある。渓谷は水だ。タオイズムでは、最高の善は水のようだと言う。

孔子は「仁の人は山を愛し、知の人は水を愛する」（注3）と言う。山というのはヒューマニズムのしっかりした基盤のことだ。山と水が一緒になるとき、タオイズムと儒家思想も互いに溶け合って調和する。唐代の詩人王維（おうい）は、「山居秋暝（しゅうめい）」という詩にこう書いた。「ひと気のない山を雨が洗い、秋の夕べがおとずれる。月の光が松のあいだを照らし、清らかな流れが石の上を流れる」。この情景には、静けさと希望と調和に満ちた空気が流れている。まるで、「時は変わり、水は流れ、山脈は静かでどっしりとしている。ここでゆっくり休むがいい。すべてはうまくゆくから、今は何もするな」と言っているようである。

西洋、とくにルネッサンス期の西洋では、絵の中心は人間だった。「モナ・リザ」の微笑みでは、人の顔がキャンバスの大部分を占めている。自然が描かれるとしても、それは隅の方に押しやられる。西洋人にとって美とは人の顔や体を通して描かれるものである。もし、人の体が苦痛という試練にたえるなら、その美はいっそう強められる。たとえば、十字架ではりつけに遭ったイエス・キリストは、その象徴的な意味合いを超えて精神的な美を表している。イエスは苦しみを語ることなく自分を犠牲にしたが、その顔と体から無私と希望の美が消えることはなかった。イエスの希望は人々に広まる。まるで、世界の中心である人間はどんな悪にも打つ勝つことができる、邪悪なドラゴンを倒すことができる、病気からも回復することができるとでも言うように。

このような人の姿と、自然の景色をテーマとすることが多い中国の伝統的な絵画はとても対照的だ。大自然と人というふたつのテーマは、それぞれの異なる生き方を表している。中国人は火薬を発明し爆竹を作ったが、西洋人はそれで武器を作った。産業革命により人は自然を征服する道を歩みはじめたが、これはタオイズムの自然に従うという立場に反する。いま、人は公害に苦しんでいる。自然を征服することと自然にまかせること、このふたつは対立しながらも補い合うものである。どちらも必要で、一方だけを選ぶことはできない。歩くためには二本の足が必要だ。自然を理解し楽しむと同時に、それを変えることもする。無為と無不為は宇宙という音楽のふたつの主旋律と思えばよい。

これが世界だ。我々はこの中で、おとぎ話に出てくる王子と姫のようにいつまでも幸せに生きればよい。いつか、世界は人が当たり前だと思っている調和をひっくり返してしまうかもしれないが、しかし

注3　訳注　『論語』雍也（ようや）篇の「知者楽水、仁者楽山」より。

それでも世界は美しい。もし人がこの世の主役は自分たちでないと自覚し、世界を好きなように変えようとしないならば。これが芸術だ。我々は宇宙の一部にすぎず、宇宙の代役はできないと気づくなら、そこでようやく人生に、「おまえを信じている。やらねばならぬことをやるがよい」と強く静かに言うことができる。最終的に人生は、それなりのやり方で人の願いに応えてくれるものだ。

葉公は大好きな龍におどろき逃げ出してしまった。

第二十二章　愛

愛とは相手にこう言うことだ。「愛する人よ、私はここできみを支え、力づけ、ともに分け合い、きみと一つになる」

ある男がある女を愛し結婚するということは、その後五〇%の確率で離婚し、九九・九九%の確率で一方がもう一人よりも先に亡くなることを意味する。一緒のときどんなに楽しくても、一人が亡くなれば、残された方のつらさはたいへんなものである。だからと言って、ふたりは結婚しない方がよいとか、ともに過ごす時間を楽しむなと言っているのではけっしてない。ただし、今の幸せはいつかきっと消えてしまうと意識するべきだと思う。漢の時代に劉向の著した「葉公、龍をこのむ」という物語を見てみよう。

葉公は龍が好きだった。葉公は自分の家を龍の装飾でかざり立てた。龍のもようの布をかけ、柱にも龍のすがたを彫った。天の龍はこの話を聞き、葉公に真のすがたを見せてやろうと決めた。龍は葉公の家に舞い下りると頭を窓からつっこみ、尾をうら庭に巻きあげた。葉公は真の龍のあまりの大きさと力に肝をつぶした。そしてそのまま家を飛び出しどこかへ行ってしまった。（注1）

富や結婚、ステータスは龍と見ることができる。実際に手に入れるとそれは想像とは違ったものになってしまう。もちろんこれらのために働き成功を追い求めるのはかまわない。ただし、その目的は楽しむことであるべきで、夢見たものが本当にあると思ってはいけない。原因と結果の関係は理解しがたく、結果はしばしば当初の意図に反するし、ゴールはいつもたどり着けるとは限らない。人が行動するのは目標を持つことの喜びと目標に至る道のりのすばらしさのためだ。何かを目指すことは結果を出すことよりもすばらしく、道のりはゴールよりも美しい。自然の法則に従いさえすれば、人は無為と無不為を実践してよい。人が自分の役割を「神」とすることから悩みは生まれる。宇宙の運動をコントロールできないのと同じように、人は自分の運命をコントロールすることはできない。愛とは求めることであり、

「ラプンツェル、ラプンツェル、きみの髪を下ろしておくれ」
このときのラプンツェルは天に向かって髪を放りました。
葉公とちがって龍などちっとも怖がりません。

知とは解放することだ。この二つのあいだには人が行動するための広々とした空間があると私は信じる。無為と無不為のあいだで人はのびのびと動けるのと同じように。

誰かを愛したとしても、その人が自分を愛してくれるとは限らない。愛とは賭けであり、取引ではないからだ。夢や希望は失望に終わるかもしれない。なぜなら、夢と悪夢はふたごの姉妹だからだ。老子が主張したように、対立するふたつのものは結びつき、互いを支え合うべきだ。人生に賭けは必要だ。なぜなら、人生最大の危険は何も賭けないことだから。安全にこだわりすぎると、人生を否定することになってしまう。

人はみな愛を求めるが、どのように愛すればよいのかを本当にわかっているだろうか。多くの人は葉公と

注1　訳注　劉向著『新序』雑事五より。

中国の詩人や芸術家はみなこの英語に大賛成だろう。
「その人を愛しているなら手を放しなさい」
(If you love someone, let them go.)

同じで、想像上の愛を求めるだけで、愛そのものを求めていない。愛とは人が持ち得るこの上なくすばらしい感情のひとつだ。愛とはふたつの魂の結びつきであり、悲しいときは支え合い、逆境においてははげまし合い、喜びはともに分け合い、静かな記憶のなかで溶けあって一つになる。愛とは何かをすることではなく、ともに過ごすことだ。愛とは相手にこう言うことだ。「愛する人よ、私はここできみを支え、力づけ、ともに分け合い、きみと一つになる」。もし誰かを愛しているなら、楽しいときや美しい夕日を見るとき、その人がそばにいて欲しいと思うはずだ。もしある人に対し、「そばにいて欲しい」と心から思うなら、自分はその人を愛しているとわかる。なぜなら、その時その時を相手と共有し、つねに一緒にいたいと思うからだ。愛の本質とは安らかさであり、無為だ。

愛のセリフで最悪なのは「僕はきみのもの」、そし

愛がもし所有することなら、
しあわせなはずの帰宅も兵士と妻と愛犬の悲惨な再会になってしまう。
お互いを所有できると思わない夫婦だけが幸せになれる。

てその後につづく「きみは僕のもの」だ。これらのセリフは愛を台無しにしてしまう。相手を自分のものにしようとすることこそ、無為の愛に反する。多くのラブソングは愛する人を太陽や星にたとえる。人は太陽や星を美しいと褒めたたえはするが、それを所有しようとは思わないし、またできない。これこそが無為のすばらしさであり、美しい愛のあるべき姿だ。

また、「恋と戦は手段をえらばず」（All is fair in love and war.）という最低のことわざもある。戦争とは無不為であり、勝つためにはどんな手段でも取る。もし愛を戦いと同じだと言うのなら、おだやかさと美しさは喧噪と怒りに蹴散らされ、征服と投降が愛の代名詞となってしまう。愛と死がロマン主義文学の永遠のテーマとなっているのも不思議ではない。

第二十三章　陰陽の交わり

大自然のなかで天と地は補い合い、水と火はコントラストを見せ、男と女は助け合う。

陰陽とはタオイズムにおいて理論のもととなるものであり、正と負、前と後ろ、善と悪など対立するものすべてにおよぶ。陰陽の本来の意味は男と女であり、この陰陽の交わりが命のおおもととなる。

死と対をなすものとは何だろう。多くの人が生と答えるだろう。しかし、人類は性行為によって世代から世代へと命のともしびを伝えることを考えると、死と対をなすものは性と言える。死とは一個人の命のおわりを告げるものであり、性とは群れの永続性を確保するものである。もし、死に対するすさまじい恐怖を理解できるなら、性の途方もない魅力もまた理解できるだろう。詩人でも英雄でも普通の人でも、性の交わりは二人の冒険者を未知の高みへと引き上げ、光と闇、幻覚と覚醒、安心感と冒険心のなか、二人だけの世界を現出させる。少なくともそのときだけは、世界からの完全な独立と自由を宣言することができる。二人はまるでオリンポスの神々のようであり、時空も生死も超越してしまう。哲学者や預言者、宗教的指導者たちはこの不思議な現象を説明しようと競い合ってきた。性の交わりを押さえ込もうとする者、逆にこの行為を一種の解放と考える者などがいたが、多くの者は政治的あるいは道徳的な立場からその考えを述べた。

中国では、儒学者たちによって性の話題がタブーとされる半面、伝統的には男性が妾を持つことが許されてきた。孔子は言った。「女子と小人とだけは取り扱いにくいものだ。親しみ近づけると無礼になり、疎遠にすると恨みをいだくから」(注1)。キリスト教と同じように、儒教において性は必要悪とみなされ、男女の関係は平等でなかった。性についての文学や芸術はしばしば発禁になり、陰陽をあつかった作品は制限された。

一方、タオイストは性を自然に従う行為の一つとみなし、陰(女性)と陽(男性)の平等な結びつきを提唱した。タオイストにとって性とは健康にかかわるテーマであって、道徳や政治とは無関係である。また同時に、性は万物の調和にかかわるテーマであり、社会契約ではない。老子は言う。「道は統一したものを生みだし、統一したものは分裂して対立する二つの方面となり、対立する二つの方面は新しい第三者を生みだし、新しい第三者は千差万別あるものを生みだす。万物は内に陰と陽の二つの対立する力をふくみ、陰と陽は気の中で統一されている」(『道徳経』第四十二章)

陰と陽の調和と平等な結びつきを提唱した老子は、世界で最初のフェミニストかもしれない。老子は言う。「女性的なものがいつも穏やかさによって男性的なものに勝つのは、それが穏やかで下にいることによる」（『道徳経』第六十一章）。老子にとって男女の関係は平等なものである。柔(やわら)よく剛を制す、雨(あま)垂(だ)れ石をうがつといった考えに共感する老子は、女性が下の立場からやわらかに男性に勝ってしまうことを比喩や啓発的な言葉によって語った。石のような男性と水のような女性、両者が一緒になって調和やよろこびや健康をつくり出す。老子がこのような結論に至ったのは、ただ社会観察を通してだけではない、自然に対する理解が基盤にある。大自然のなかで天と地は補い合い、水と火はコントラストを見せ、男と女は助け合う。男と女は天と地と見ることもできるが、ただしお互いに自立した存在である。天地は永遠だが、男女には死がある。天地は雨や雪や虹によって互いに触れ合うが、これは男女も一緒だ。天地の触れ合いと同じように、陰陽の交わりにも意味がある。タオイズムの文献には性行為について語ったものが多く残っている。陽（男性）と陰（女性）は自然の法則に従いながら、調和した関係を作り出すためできるだけのことをするように言う。これはまさに老子の言う、「万物は内に陰と陽の二つの対立する力をふくみ、陰と陽は気の中で統一されている」ということである。

　唐代の文学者白行簡（七七六〜八二六年）は、それぞれの季節で男女が自然のすばらしい調和をどのように手本とすればよいかを著した。人の体内のうごきは窓の外の季節のうつり変わりを反映する。「春、

注1　訳注『論語』陽貨篇より。

ウグイスが鳴き、ツバメが飛ぶころ。夫はやさしく、妻はつつましく。外を跳ねまわる春の光を手本とするように。夏は奥の部屋で、赤いベッドカーテンをかける。竹の敷物に舞う日影のように、また蓮の池に触れる柳の枝のように、たっぷりあたえ、つつましく受け入れる。秋は古（いにしえ）の恋を偲ぶかのように。扇子はかたづけ、ベッドのカーテンに薫りを焚き込める。冬は部屋を暖かくし、刺繍をほどこした厚いかけ布団をしつらえる。外の雪と同じように冷えた妻の体を夫は春の光のように温める」

この男女の交わりを生き生きと詩的に描いた文章は、白行簡の「天地陰陽交歓大楽賦」の一部である（注2）。この文章は一千年間失われていたが（おそらく性と自然の大胆すぎる対比描写のために）、フランス人探検家ポール・ペリオにより一九〇八年、敦煌石窟の隠し部屋のなかから発見された。我々はこの再発見された書を無駄にせず、日常生活のなかで十分に活かした方がよい。もし、大自然の美しい景色や宇宙の心震わす大合唱と自分たちを結びつけることができれば、男女の交わりはもっと調和したものになるだろう。

ほとんどの人は性をプライベートなものと思っているし、なかには恥ずかしいことや悪いこととして捉える人もいる。このような人たちは、性行為は世界に歓迎されていないから、閉め切った部屋やカーテンの陰（かげ）でしかできないと考える。人間の世界は許さないかもしれないが、自然の世界なら歓迎してくれる。人の交わりが自然の陰陽の交わりに共鳴する。このようなときは、ぜひともアリア「誰も寝てはならぬ」のテノールの歌声を聴きたいものだ。「誰も寝てはならぬ。誰も寝てはならぬ。姫、あなたでさえも冷たい寝室で、愛と希望にうち震える星々を見るのだ」。「無不為」を実践できれば一度にふたつのことができる。灯りを消しながら輝く天の川を見上げる。あるいは、谷川のさらさらという音に耳を傾けながら愛にふるえる。すだれを上げると、のぞき見していた月が力づけてくれる。自然はいつも我々の味方だ。自然に向かって心を開けば、自然は我々のために精いっぱい勝利の歌をうたってくれる。自然と一緒に二人はこの世界に勝利する。

陰と陽の交わりはうっとりする体験である一方、そこには危険もひそんでいる。老子が「幸福には災禍がひそんでいる」（注3）と警告するように。荘子もやはりベッドや食卓にひそむ危険について次のように言及している。「十人が通れば、そのうち一人が殺されてしまう危険な道があれば、家族や友人に気をつけるよう忠告するものですし、そこを通るときは大人数で行くようにします。これが知というものです。しかし、危険というものは寝室や食卓などにもひそんでいます。これらの場所で何も注意せずにいるのはまちがいです」（注4）

紀暁嵐（一七二四～一八〇五年）が著した奇聞集『閲微草堂筆記』には次のような話が語られている。

――山の上の家に住む男がいた。ある夜、男が庭にすわっていると、ひとりの美しい女が塀の外からこ

注2　陳耀庭著『道家養生術』（上海復旦大学出版社　一九九二年）「天地陰陽大交歓楽賦」より。
注3　訳注『道徳経』第五十八章
注4　訳注『荘子』達生より。

ちらを覗いているのが見えた。男からは女の魅惑的な顔しか見えない。女はほほ笑みながら男をからかっているようだった。男の目は美しい女の顔にくぎづけになった。突然、塀の外で子どもたちがさわぐ声が聞こえた。「大蛇が木に絡み付いて頭を塀にのせている！」そこで男は、女に化けた蛇が男の血を吸おうとやって来たのだと気づいた。もし女に近づいていたら命を失うところだったのだ。

この物語は、放縦な行為がその人の健康もしくは命を害するかもしれないという、目に見えない危険性を示そうとしている。荘子も言うように、ベッドの上には大きな危険がかくれている。十六世紀以前の中国にはまだ性感染症がなかったことを考えると、荘子の洞察力はすばらしいものである。タオイストの師たちは、性行為は人の元気をうばいエネルギーを消耗することがあり、大きな危険がひそんでいると考える。現在、我々が直面している性感染症の伝染力は何百倍も深刻になっている。エイズの出現はこれまでにない脅威であり、まるで蛇の妖怪が全世界の上空をおおっているかのようだ。数千年前、老子と荘子が対極にあるものはいつかひとつになると警告したように、現在、エイズによって生と死の相反する力が不気味にぶつかり合っている。

自然にまかせすばらしさを味わうが、結果のこともきちんと考えるという老子と荘子の教えに従おう。タオイズムのどんな面から言っても、無為と無不為は陰陽の交わりのようにいつかすっかり融け合い、死に対する生の勝利を宣言するだろう。

第二十四章　理想

過程はゴールよりも美しい。現代の少女はみなお姫さまになることを夢見るが、よりすばらしいのは目標を実現する過程である。

夢をもつ若者は、努力してその夢を実現させることができる。しかし、その夢が実現したとき、それが自分の本当に求めていたものとは違うことに気づくかもしれない。夢は本人を裏切ることがある。人はいつか死んでしまうから、自分の夢と永遠に別れなければならないし、それまでの努力も無駄になってしまう。人は自然の一部であるとともに、社会の一部でもある。目標を実現するためにその人ががんばることは、自然の美、あるいは社会の美と見ることができる。人はその美を味わい、成功を喜べばよい。ただし、その成功を自分のものと思ってはいけない。成功はほんの短いあいだのことでしかない。

我々は目標をたてるとき、しばしば人の意見やアドバイスにたよる。みな人生の目標を持っているが、これまでその成功を経験したことはない。その目標を実現したことがないのだから、その目標を実現すればどのような喜びがあるのかを知らない。だから、人の言葉によってそれを想像するしかない。人の話を聞いてようやく、ある目標を実現したいという動機が生まれる。このようなわけで、ある目標のために努力して本当にそれが実現したとしても、それは夢にまで見たものとは違うことに気づくかもしれない。列子はかつて次のような話を語った。

ある男が燕（えん）の国で生まれて楚の国で育った。彼は年老いてからふるさとの燕に帰ろうとした。旅の途中、晋の国を通るとき、同行の者が彼をだまし、晋の国の都城を指さして、「これが燕の国の都城だよ」といった。すると、彼は悲しそうな顔をした。さらにまた同行の者が土地神を祭った社を指さして、「これがきみの郷里の社だよ」というと、彼は感慨深そうに溜息をついた。それからまた同行の者がある屋社を指さして、「これがきみの先祖の住居だよ」というと、彼は涙をこぼして泣いた。つぎに小高い丘を、「これがきみの先祖の墓だよ」というと、彼は声をあげて泣いた。同行の者が大笑いし、「ここは晋の国だ。私はきみをだましたのだ」というと、彼はすっかり恥じ入ってしまった。そしてついに燕の国に着いて、本当に燕の都城や社を見、本当に祖先の住居や墓を見たが、そのときには彼の悲しみは、もはや一段と薄れていた。（注1）

よその先祖の墓を見て泣いた男が、本当の先祖の墓を見たときはあまり悲しい気持ちにならなかった。

美は楽しむもの、手に入れるものではない。

男の感情は完全に他人の作り出した嘘によってコントロールされている。

孔子は時に、タオイストに対する共感をそれとなく示す。タオイストは、現在よりも将来の夢ばかり追う者に対し冷静な視線を向けるが、次の儒家の古典にはこのようなタオイスト的視点が明らかに認められる。

子路（しろ）と曾皙（そうせき）と冉有（ぜんゆう）と公西華（こうせいか）が、おそばに座ってうちくつろいでいた時のこと、先生が話し出された。「わたしが諸君より少し年長だからといって、今日は少しも遠慮はいらない。諸君は平生『自分たちはちっとも認められない』と不平をいっているが、もしだれか諸君たちを認めるものがあるとしたら、いったい何をやるつもりか聞かせてほしいね」

注1　梁小鵬、李建国訳『列子』（北京中華書局　二〇〇五年）（訳注　日本語訳は以下の書を参考にした。『中国古典文学大系第4巻』平凡社「列子・周穆王（しゅうぼくおう）篇」）

せっかちに子路が立って、かしこまっておこたえした。「千台の戦車の兵力をもったなみの国家が、大国のあいだにはさまり、その侵略を受け、おまけに飢饉がおこったとします。わたくしにその国の政治を担当させたら、三年のうちに、勇敢で責任感のある国民に仕立ててみせます」

先生は微笑されて、「冉有(ぜんゆう)よ、おまえはどうするかね」と聞かれた。

冉有はかしこまっておこたえした。「わたくしの対象とするのは、方六、七十里か、方五、六十里の小国です。わたくしがその政治を担当しましたら、三年間で国民の生活を満足なものにしてやれましょう。礼・楽など文化的な面は、りっぱなかたがたが控えていられますから、そのかたがたにお願いします」

先生はまたたずねられた。「公西華よ、おまえはどうするかね」

公西華はかしこまっておこたえした。「これから申し上げることは、やりおおせる自信があるわけではありません。学んでそうしたいだけなのです。国のご祖先の廟のお祭や、外国の殿さまとご会合なさる席で、玄端(げんたん)の服をつけ、章甫(しょうほ)の冠をいただき、儀式の進行係になりたいと願っているのです」

先生はいわれた。「曾晳(そうせき)よ、おまえはどうするかね」

瑟(こと)を爪びきしていた曾晳は、ひざの上の瑟(こと)をぶるんといわせて下に置いてから立ち上がり、かしこまっておこたえした。「わたくしのは、いままで三君が述べられたのとだいぶ違いますので……」

先生はいわれた。「何も気にすることはない。思い思いに自分の希望を述べるのだから」

曾皙はおこたえした。「春の終わりごろ、春の晴れ着もすっかり仕立てあがって、冠をかぶった大人の従者五、六人、未成年の従者六、七人をうちつれ、沂水（きすい）でみそぎし、そこの雨乞い台で舞を舞わせてから、歌を口ずさみながら帰ってまいりたいものだと存じます」

先生は、「ううん」とうなって、感心していわれた。「わたしは曾皙に賛成だ」（注2）

過程はゴールよりも美しい。現代の少女はみなお姫さまになることを夢見るが、よりすばらしいのは目標を実現する過程である。ダイアナ妃が世界的にも悲劇的な人物のひとりになってしまったのは、彼女がなんの過程も経ずに目標を実現したためだ。結婚はダイアナ妃の一生でもっとも輝きに満ちた出来事だったと言える。しかし、彼女はその後の人生を、やすやすと手にしたプリンセスの地位の代償として費やすことになる。宝くじを当てた人の多くが失望に満ちた人生を歩むのは、豊かな生活を手に入れるまでの道のりを楽しめなかったためである。金持ちになるのは悪いことではないが、その前には一所懸命働くという過程がなければならない。雨の上がった後の虹は金（きん）よりもずっと美しい。

注2　Confucius, *Analects*. trans. Arthur Waley (Hertfordshire: Wordsworth Editors Limited, 1996)（訳注　日本語訳は以下の書を参考にした。貝塚茂樹訳「論語Ⅱ」（中公クラシックス　二〇〇三年））

七色に輝く虹には現実を超えた美しさがある。人は雨の後の澄んだ空気のなかでその美しさを楽しむが、それを所有したいなどという馬鹿なことは考えない。これこそが虹の美しさだ。美を所有したいと思うことは美を破壊することだ。

もし何か目標を実現したいと思うなら、一から始めるべきだ。どんなに高い志を立てるとしても、塔をてっぺんから作るのは無理だ。私は、人は八割の力をまちがった方向に使っていると思う。だから、前に進むまえによくよく考えた方がよい。正しい方向を選ぶことが努力することより大事なこともある。中国にも「荷車を引くのにずっと下ばかり見ていてはいけない」という言葉がある。

二千年以上の歴史をもつ『戦国策』には以下のような物語が載っている。

魏の王が趙の都・邯鄲（かんたん）を攻める計画を立てたときのことである。季梁（きりょう）はその知らせを聞いて旅の途中から引き返し、衣服のしわものばさず、頭の塵もそのままに謁見を請うた。

「今、帰って来る途中、道でひとりの男に会いました。車を北に走らせながら、『楚の国に行くつもりだ』と、申します。『楚の国に行くのに、なぜ北へ行くのか』と、聞きますと、男は、『馬は飛びきり上等だ』と申します。『良い馬かも知れんが、道をまちがえている』こういいますと、『旅費もたっぷりある』と、申します。『そうかも知れんが、道をまちがえている』と重ねていいますと、男は、『いい御者がついている』と答えます。こう条件がそろっていれば、ますます楚から遠ざか

世界の進むべき方向を指し示してくれるのは孤独な思想家、
皆が慕う思索家、あるいはこの女性かもしれない。

って行くだけです。……」（注3）

この物語は、方向がまちがっていればどんな努力も無駄だと言っている。御者が努力すればするほど客は目的地から遠ざかってしまう。もし方向が正しければ、自然に努力するだけで（あるいは「無為」とも言うが）車は目的地に近づいてゆく。無為とは怠けることではなく、静かに考え、深く思い、正しい方向を決めることだ。ひたすら仕事に打ち込む人よりも悠然とものを考える人のほうが尊敬に値することを世の人たちは知るべきだ。考える人たちの邪魔をするのはやめよう。もしかしたら正しい方向を指し示してくれるかもしれないのだから。

老子はかつて、「人のすることは、成功しそうだという

注3　訳注　守屋洋訳『中国の思想　戦国策』（徳間文庫）を参考にした。

ときにきまって失敗する」（『道徳経』第六十四章）と言った。人は往々にしてもうすぐ成功するという時につまずくと言ってもいいかもしれない。成功がせまると、人は自信過剰になったり、傲慢になったり、不注意になったりし、ついには誤った方向を選んでしまいがちだ。だからこそ「無為」でいることが大事なのだ。何をすれば良いかわからないなら、何もせず、心を休ませればよい。心には自分が思うよりもすごい力がある。ちょっと休息して自然にまかせよう。

また、過程はゴールよりもすばらしいということを忘れてはいけない。いちばん危険なのは剣が手に入らないことではなく、剣を手に入れたあとそれを壊すことであり、それが気に入らないと気づくことであり、それで破壊的な行動をとることだ。目標を実現したときこそ一番危険な瞬間だ。なぜなら、長年の努力によって手に入れた成果を無駄に、あるいは誤用してしまうかもしれないからだ。

ビリー、なんど言ったらわかるの、龍なんかいないの！

第二十五章　飛翔

無為は自由を得た魂の飛翔だ。自由を得た者は日常的な自我による束縛を離れ、ものごとを全体として体験する。

古（いにしえ）より空を飛ぶことは人類共通の夢であり、神話には天を舞う龍のような神秘的な生き物が登場する。龍はすでに数千年ものあいだ中国全土で信じられており、歴史、文学、神話、民間伝承、社会、心理学、芸術などによる描写を通して、まるで本当にいるかのような存在になっている。龍ほど完全に中国文明を象徴できるものはまずない。龍が象徴するものは数多いが、とくに典型的なのは、この世の束縛から自由になる強大な力であり、風にのって飛び、天にま

よくある夢の中のシーン。

っすぐのぼる姿である。宙を舞い、つらぬき、海をかすめ、らくらくと風にのり、雲のなかに消える。

道を得た人は崇高な精神を手に入れているので、龍のように飛ぶことができるとタオイストは考える。『史記』には孔子の次のような言葉が載っている。「鳥ならば飛ぶ能があり、魚ならば泳ぐ能があり、獣ならば走る能があると、わたしは知っている。走るものは網でとり、泳ぐものは釣り糸でとり、飛ぶものは矰（いぐるみ）でとることができるはずだ。龍という奴になると、わたしにはわからない。風雲に乗じて天にのぼるかも知れぬ。わたしは今日老子に会ったが、まあ龍のごときものでもあろうか」（注1）。孔子は老子の泰然（たいぜん）とした優雅さをたたえるとともに、老子は無為でありながらすべてをしていると捉えている。

現代人は実際に飛べるようになった。一九二二年、上海で生まれたジョン・ガレスピー・マギー・ジュニアの母はイギリス人、父はスコットランド・アイルランド系のアメリカ人だ。ジョンの夢はパイロットになってナチス・ドイツと戦うことだったが、その頃アメリカはまだ第二次世界大戦に参戦していなかったので、アメリカ人であるジョンは法的に戦争に加わることができなかった。のちに彼はカナダ空軍に入隊し、飛行訓練を受ける。同年、イングランドに配され対ドイツ戦に加わり、ほどなく空軍少尉に昇進した。一九四一年九月三日、ジョンは戦闘機スピットファイア・ファイブに試乗した。高度三万フィートまで上昇したとき、ジョンは突如インスピレーションを感じた。着陸後まもなく、両親に手紙を書いた。手紙には、「その日書いた詩を一緒に送ります。三万フィートの高さで思い浮かんだものを着陸後すぐに書きとめました」という文章のあとに次のような詩が書きつけてあった。

飛　翔

ああ、地球の束縛から解き放たれ
銀色のつばさを広げ宙を舞う
太陽に向かって上昇し、陽光に切り裂かれた雲が発する
喜びの声にくわわり——そして百の技をみせる
きみが夢にも見たことのないような——旋回、滑空、スイング

注1　訳注『世界古典文学全集　第二〇巻　史記列伝』筑摩書房、「老子韓非子列伝」より。

地球の束縛から解き放たれる。

太陽に照らされた静寂の高みを飛ぶ
咆哮する風を追いかけながら飛行機を操る
天空のホールを突き抜けて

上へ、上へ、歓喜へ向かう燃える青空
私はゆったりと風の渦巻く高みへたどりつく
ここはヒバリもワシも来ることがない――
心はただ上を求める
私は神聖な領域へ足を踏み入れた
手を差し出して神の顔に触れる

このわずか三カ月後の一九四一年一二月一一日、アメリカ参戦の三日後、ジョンは航空事故で亡くなった。農夫の証言によると、スピットファイアのパイロットはなんとかコックピットの外に脱出し、ついに立ち上がると飛行機から飛び降りたという。しかし、あまりに地面に近い位置での墜落だったため、パラシュートが開かず、この詩人でもあるパイロットはたった十九歳で亡くなってしまった。

年若いジョン・マギーは我々が「夢にも見たことのないような」ことを短い一生ですべてしつくしてしまったようだ。上空へ向けて飛びたったジョンがたどり着いた先は「燃える青空」であり、そこは「ヒバリもワシも来ることがない」、このうえない喜びの世界だった。詩人はそこで無不為であったが、それは自由な無不為だ。また、「ゆったりと風の渦巻く高みへたどりつ」いたジョンは無為だったが、天空で自分を解放し、このような高さにまでたどりつけるほど勇敢だった。まるで悠々と蒼天にのぼる龍のように。「地球の束縛から解き放たれ」るのはずっとタオイストの夢だった。荘子によれば、無為は聖人の理想的なあり方である。ジョンは本当に何もしていないわけではなく、自然に従って行動していた。聖人は理想の境地で目的もなくゆったりとさまよい、「無為」を実践する。鳥のように飛び、雲のように浮かび、魚のように泳ぎ、谷川のようにくねくねと流れ、春の花のように命をほころばせ、秋の葉のように命を終える。おだやかな心で「天空のホールを突き抜け」たパイロットのジョンと同じように。

無為は自由を得た魂の飛翔だ。自由を得た者は日常的な自我による束縛を離れ、ものごとを全体として体験する。ジョンはまるで荘子の言う聖人のようだ。「銀色のつばさを広げ宙を舞」い、「手を差し出して神の顔に触れる」。三万フィートの高さで無為――何もせず、無不為――すべてをしていた。

ロケットを発明したのは中国人である。中国人はまず火薬を発明し、それを竹の筒に詰めて爆竹を

父上、この世から逃れる方法はこれ以外にないのですか。

作った。伝説によると、世界で初めてロケットを作った科学者は万戸という明代の役人だった。五百年前、万戸は二つの大凧と四十七の爆竹を椅子に結わえつけた「飛龍」を設計した。四十七人の使用人を使って爆竹に一斉点火すると耳をつんざくような轟音がし、巻き上がった煙であたりは見えなくなった。そして煙が晴れると、万戸はこの世からいなくなってしまっていた。

　万戸はこの世から逃れたいと考えるタオイストだったのか、それとも国のため新しい交通手段を作ろうとした儒教徒だったのかはわからない。万戸の子どものような想像力や、至高の無へ飛んで行こうとする強い気持ちを考えると、万戸はタオイストだったのではないかと私は思う。万戸は青い空のなか砕け散ったのだろうか。答えは濃い煙のなかに消えてしまった。

　タオイズムによれば、飛翔は想像によって可能になる。気高い魂があればこの世の束縛をのがれ天に飛びたつことができる。荘子は次のような物語を残している。

天根（てんこん）というものが無名人（名まえのない人）にたずねた。「世の中はどのように治めますか」無名人は心の飛翔を邪魔されたことをなじって言った「私の前から消えてくれ、浅はかなお人よ。どうしてそんな俗なことを聞くのだ。私はちょうど造物主と一緒だった。ひまな時は清浄と虚無の鳥にのり、この世のはてを越え無の境地に遊ぶのだ」（注２）

魔女の世界はまた特別だからね。
我々はマイペースに自分たちの飛翔の道を学ぼう。

注2　訳注『荘子』応帝王より。

第二十六章　この世の無為

我々は自然のままに生きることで無限の世界の静けさを手に入れることができる。

ジョン・マギーのように空中で歓喜を味わえる人間は限られているが、すべての人間にはひとしく約束されている結末がある――それは死だ。我々は死という「未知の世界」を恐れるべきだろうか。人はあちらの世界で何をするのか、多くの聖人や哲学者たちが何千年にもわたって探りつづけてきた。次の某氏は答えを知っている。それは何もしないことであり、主婦が心から望んでいることだ。

疲れた主婦へ

ここに永眠する女は疲労に満ちた人生を送った。
手を貸す者もなく、一日中家事に追われて過ごした。

女の遺言は以下の通り。
「愛する友よ、私はもうすぐあちらへ行きます。
あちらでは食事のしたくも洗濯も縫い物もしなくていいの。
これこそが私の願い。
あちらではご飯を食べないので洗い物もないのです。
朗々とした讃歌がつねに流れるところ。
もう私に声はないのでただ聞くだけ。
今後けっして私のことで悲しまないで。
もう永遠に何もしなくてよいのだから」

——某氏

この疲れきった主婦のユーモアはなかなかであるが、同時にまた哀れでもある。誰の助けもなく、ただ料理、洗濯、縫い物だけで人生を終えてしまった。永遠に何もしなくてよい世界に行くことを心から求めている。そこではすべての悩みや雑用から解放される。女の一生は疲労に満ちていた。女は友人たちに自分の死を悲しまないようにと言った。友人たちはそのかわり、この疲れた主婦の旅立ちに盛大な拍手をおくるべきだ。ジョージ・ゴードン・バイロンは言った。「とくに女は復讐好きだ」（注1）。この世界を去るのは喜びであり、あちらでは何もしないと宣言することで、自分にあらゆる仕事を強いたこの世界に女は復讐を果たすのである。

　人生はわずか数十年、対して死は永遠である。死は生とくらべてみると、より静かで、よりリアルで、より興味深く思えるのも無理はない。生の前には死があり、生の後にも死がある。しかし、我々は自然のままに生きることでその無限の世界の静けさを手に入れることができる。自分を解放して宇宙と一体になり、生活のなかで「無為」を実践することで生を手に入れることができる。あの疲れた主婦は、実はこの世を離れなくても欲しがっていた静けさを手に入れることができた。すべてはこの世で実現することが可能で、死後の世界へ行く必要はない。主婦が気楽に生きたとしても、空が落っこちてくることはない。

　無為というのは一種の行為で、人が世界と密接につながる時の感覚から生まれるものだ。無為は、独立した意識によって実現されるのではなく、自然にわき起こる生き方から実現されるものであり、パイロットだろうが家庭の主婦だろうが誰にでもできることだ。この基本を理解し日常生活に応用するなら、わずらわしい家事を片づけるときでも銀色の翼をひろげ飛行するときでも、我々は意識的に命の流れの一部になることができる。無為とは消極的な行為でも惰性でも怠けでもない。風とともに舞い、水の中

注1　訳注　以下の図書を参考にした。バイロン著、小川和夫訳『ドン・ジュアン』上　冨山房　一九九三年

を泳ぐような体験である。

無為にはいくつか守るべきポイントがある。なかでも一番大事なのが、命の一部としての自分を意識的に経験することだ。静かに、機敏に、自分の心の声と大自然の声に耳を傾けるようにと老子、荘子は言う。このような方法によって、我々の心は情報を集め評価するだけでなく、道とつながるための直観を養い、その直観によって生きることができるようになる。たよるべき知とは、たんに脳で考えるものではなく、体全体から生まれるものだ。このようにして人は、世界のすばらしさに応じる準備ができる(もちろんそのすばらしい世界には我々自身も含まれている)。ある意味、無為のはたらきとは調和とバランスを高めることだと言ってもいい。疲れた主婦もパイロットのジョンと同じように楽しく過ごせたかもしれない。死後の世界まで待たなくても、この世で無為と無不為を実現するのは可能なのだ。

第二十七章　散歩

純粋な散歩は自分を現在に呼び戻し、心のわだかまりをほぐし、マイナスのエネルギーをプラスのエネルギーに変換する。

カールトン・カレッジに初めて来たとき、ぶらぶらと歩いているうちにベル・フィールドのサッカー場に着いた。そして私は、多くの中国人がするように、サッカー場のまわりを何周も散歩しはじめた。ふと丘の上の二人の学生がずっと私を見ているのに気づいた。二人は私の前にやって来ると、「何か落し物でもしたんですか」と親切に尋ねた。私は相手のとまどうような表情から、二人が心の中では「まともな人間ならこんな風に歩き回ったりはしない」と思っているのがわかった。

「ありがとう」私は答えた。「ただ歩いているだけなんだ」

実際、英語には中国語の「散歩」に完全に対応する言葉がない。散歩とはぶらぶらと目的なく歩くことである。私はのちに、英語の walking ははっきりした目的地のある行為だということがわかった。

あの、道案内してあげましょうか。

目的もなくぐるぐると歩くことは、二人から見れば少し異常な行動か、あるいはただの時間の無駄だったのだ。しかし散歩はその人の脳、体、魂にとって一番の癒しとなる。また、このような動きは実は宇宙の基本運動に倣ったものなのだ。衛星は惑星のまわりを回り、惑星は太陽のまわりを回る。地球上では一方向への移動がふつうだが、これは「地球上の動物」特有の動きで、宇宙から見ればふつうではない。宇宙の星々はみな周回している。アインシュタインは「人は永遠について考えた方がよい。なぜなら永遠は人間世界に平和と静けさをもたらしてくれるから」と言ったが、もし人が宇宙と同じような運動ができるなら、このことを実現することができる。

老子は「善く行くものは、轍跡なし」と言った（『道徳経』第二十七章）。歩くのがうまい人は空中を移動し、肉体的にも精神的にもなんら跡を残さない。もしなんらかの悩みやわだかまりをかかえて歩くなら、その人の歩いた後には目に見えない苦しみが残り、他の人にもそれが伝染してしまうと私は思う。残念ながら、この世界はどこもかしこも悩みをかかえた人たちが残した跡でいっぱいで、それはまるで、いらいらしたドライバーだらけの渋滞した高速道路のようである。

人は歩いているあいだにたくさんのことをしている――過剰なぐらいに。目的地があり、方向があり、時には任務さえも背負っている。人は目標を重視しすぎる半面、過程を軽んじる――過程はこんなにも楽しくすばらしいのに。途中で立ち止まったり、新鮮な空気を吸い込んだり、青空を見上げたり、落ち着きを取り戻したりといったことを自分に許さない。実際、人は買い物、通勤、出張などなんらかの目的なしに単純に歩くことができない。どこかに行くためではない純粋な散歩を改めて学ぼう。それは「瞑想式散歩」だ。瞑想式散歩を学べば、一歩踏み出すごとに自分を今のその瞬間に呼び戻し、一歩ごとに自分を永遠につなげさせ、体と心の連結を作りだすことができる。

瞑想式散歩は自分を現在に呼び戻し、心のわだかまりをほぐし、マイナスのエネルギーをプラスのエネルギーに変換する。それは一見どこにもたどり着かないようであるが、実は、今この時この場所に戻って来ることなのだ。それは目標のない過程であり、達成のない行為である。これこそが目的地のない散歩なのだ。

ゴールのない遊泳は美しく優雅で、まるで空を飛ぶかのようだ。老子は言った。「最高の善は水のようなものだ。水は万物を助けるのがうまくて万物と争わず、みなのいやがる場所にとどまっているから、それで道にもっとも近づいている」(注1)。水の中を泳ぐという行為は道にもっとも近い。その時人は、体の内と外、両方の水を含めた広大な水域を支配する王となる。瞑想式水泳を学べば、人は体外の水とつながり、落ち着きと調和を取り戻す。何周泳いだとか何分泳いだとか考えてはいけない。他の人が自分を頭がおかしいのではと変な目で見たとしても気にする必要はない。自分のいる水域で自分のために調和を作りだすのだ。

無為は落ち着きと健康をもたらすだけでなく、タオイズムのユーモアに満ちた言葉を体得させてくれる。

ワシの飛翔は動と静の完全な結合だ。忙しいときにリラックスする方法を知れば、山間を流れる雲のように、海に流れこむ川の水のように、空の果てに飛ぶ白鳥のようにゆったり進むことができる。

短距離走の選手だった私は大学のころ、百メートルを十一・二秒で走って一位になり、学校の最高記録を更新した。コツは無為にして無不為だった。自主練習のとき、短距離走について書かれた本にできるだけたくさん目を通したのだが、なかでも一番印象深かった本には次のように書いてあった。スタートしたら体から力を抜く。走者はまず全力で走りだすが、その後の数歩で体の力を抜き(とくに肩と首)、勢いを十分に利用する。私がここから見つけたコツというのは、緊張した十一秒のあいだに百分の数秒リラックスする時間を作りだすことだった。スタート直後、時には自分自身に「リラックス」と叫び、ダッシュを浮遊へと変えた。十一秒のあいだ、耳元では風を切る音が聞こえ、目はゴールを見据え、ライバルたちは後ろへ遠のいていった。私は一位を祝福してくれる友人たちに応え、「なんにもしてないよ」と中国式に謙遜して言った。実際この言葉は謙遜ではなく、何もしないこと、すなわち無為こそが秘訣だったのだ。

注1　訳注『道徳経』第八章より。

第二十八章　太極拳—無為—

我々が等速運動をするとき、それは静止していることと同じであり、恒星や惑星と同じように無為になるのだ。

陰と陽からなる太極のシンボルマーク

中国武術のひとつ、太極拳は、自己防衛と癒しの瞑想、さらには呼吸法を融合したものだ。「拳」とは素手という意味で、この武術が武器や道具を用いないことを強調している。太極を表現する方法はいろいろあるが、この太極拳がもっとも身近なものである。体を鍛えるため、あるいはストレス解消やリラックスのため、たくさんの人々が太極拳をしている。ゆったりとした柔らかな動きはエネルギーの流れである気を刺激し、健康と長寿をもたらす。太極拳によって心と体は一つになり、多くの人が無為の状態になる。太極とは「極限」という意味であり、ものごとがもっとも極まった状態を指す。初めて太極という言葉があらわれるのは『易経』である。「この故に易に太極あり。これ両儀を生ず。両儀は四象を生じ、四象は八卦を生ず」(注1)

太極を表すシンボルマークは、黒と白を組み合わせた円として描かれ、陰と陽をしめす二匹の魚が互いに絡まり合うような形をしている。すでに数千年の歴史をもつこの円は、始まりもなければ終わりもなく、定義も目的もなく、ことさらに何かを主張するものではない。

太極拳の動きは無為だ。なぜなら、太極拳は一種の等速運動であるから、何もしないのだ。ニュートンの法則によれば、等速運動とは静止と言ってもいい。ニュートン力学の第一法則(慣性の法則とも言う)は、あらゆる物体は外から何らかの力が加わらない限り、等速直線運動か静止をつづけるとする。地球上の一般的な条件下では、物体の運動はしだいにゆっくりになるが、それは摩擦力の影響を受けて減速するからだ。太極拳には摩擦力も抵抗もない。ただ等速運動をつづけるのみである。

我々が等速運動をするとき、それは静止していることと同じであり、恒星や惑星と同じように無為になるのだ。地球には空気や水があるから等速運動は不可能だが、宇宙の天体は何周も何周も等速運動をくりかえしている。太極拳は宇宙の等速運動を手本としているのであり、地球を飛び越えてはるか宇宙の基本運動に呼応することなのである。

基本的な形を覚えたからといって太極拳を理解したと思ってはいけない。太極拳にはつねにレベルア

太極拳の等速運動によって宇宙の動きと一体化する。
「千里の行も足下より始まる」（『道徳経』第六十四章）

ップしていかなければならない部分があり、それは一生をかけてやるものである。形(かた)を覚えることは長い旅のスタートに過ぎない。

太極拳は、どのような心構えであたるかが大事だ。心を散漫にせず、宇宙のなかの自分の位置を感じよう。そして、以下のことをよく覚えておこう。

◎正しい太極拳を身につけるため、まずは形(かた)を正確に覚え、自然にできるようにしよう。

◎体幹はまっすぐ、地面に対し垂直になるように。形(かた)の動きでなければ、前や後ろに傾けてはいけない。

注1　訳注『易経』繫辞伝・上より。

◎両足はわずかに曲げ、重心はなるべく低く。
◎両腕は外側へひろげ、内側に縮こまらないように。
◎わずかに曲げた両足と外側へひろげた両腕で空間をつくるようにする。
◎動きは途中で止めないで流れるように。それぞれの形が大きな流れの一部となるようにする。とくに大事なのは一定の速さで動くこと。地球が宇宙空間を移動する様子をイメージしよう。もしテロリストが地球の回転速度を変えることができるなら、この世界は存在できなくなってしまう。地球は動いているが、動いていない。つねに同じスピードで動いているというのは、動いていないのと同じことだ。太極拳をするときは、なるべく地球の動きを手本にしよう。
◎全身をしなやかに。柔軟性は生であり、硬直は死だ。しなやかな舌と硬い歯、どちらが先に抜け落ちるかを考えてみるとよい。
◎動きはのびのびと。人は不安を感じると体を縮め外界から自分を守ろうとする。自然な心を手に入れたければ、体を開きリラックスしよう。

　太極拳はショーではない。太極拳をショーにしてしまうと、しばしば正確なやり方を二の次にしてしまう。ショーには観客がいることは子どもでも知っている。観客がいればどうしても自分をよく見せようとしてしまう。自分を見せようとすれば正常ということに拘（こだわ）ってしまう。自分を正常に見せたければ動きは普通のスピードになってしまう。ゆっくりとしたスピードで動けば、見ている人に頭のおかしい人だと思われているのではと、他人の視線が気になるだろう。太極拳をするときは、他人がどう思うかなどを気にして注意力を散漫にしてはいけない。体の力を抜き、宇宙とのつながりを作ろう。宇宙とのつながりができれば、内側から自然と力があふれ出し、無為となることができる。

普通の人たちはこのようなゆっくりした動きを見たことがないので、気味が悪いと思うかもしれない。宇宙ではほとんどの天体が等速運動をしている。一方、我々人間や地球上の他の動物たちはつねにいろいろなスピードで運動するものであるが、これは宇宙から見ると正常ではない。太極拳で等速運動をするのは、宇宙の正常な運動をまねしているのである。太極拳をしている人を見て他の人が気味悪がったとしたら、それはその人の太極拳がすばらしいということだ。

もし自宅に犬がいるなら、その犬の前で太極拳をやってみてほしい。犬は異常な動きを嫌うから、はじめは怒って吠えるだろう。犬にしてみれば、飼い主がおかしな行動をとればどうしたらよいかわからなくなってしまう。しかし、犬のことを気にする必要はないし、人の目を気にすることもない。みな「地球上での正常」に慣れ過ぎてしまっているのだ。太極拳はショーではない。それは自然と宇宙への回帰である。

一般的には、まずは心を変えるとそれによって行為が変わってくるものである。しかし太極拳は逆で、まずは体をととのえる事によって心を変える。精神状態が良ければ動きも自然に優雅になる。体が惑星

ジェニー、何度私に言わせるんだ？
このクラスでは十二センチしか空中に浮けないんだ。

のように等速で運動するなら、我々の心もそれにつれて変わってくる。

　私の講義には、ジェニーという仮想の学生が登場する。ジェニーは頭が良く個性的だが、時々私に対し挑戦的な態度をとる。講義の内容に反論したり、自分が学んだことをひけらかそうとしたりする。仮想のジェニーは冗談に使われる。「ジェニー、やめなさい。太極拳一〇一のクラスでは十二センチしか空中に浮けないんだ。何度私に言わせるんだ。我々のモットーはオリンピックの『より早く、より高く、より強く』とは正反対、『より遅く、より低く、より弱く』だ」と私が話すと、学生たちはいつも大笑いした。

　太極拳をするときは「より遅く」。なぜなら静止は宇宙の本質だからだ。地球は太陽のまわりを回り、月は地球のまわりを回るがこれらの動きは我々には

遅く、低く、弱く。太極拳は我々を自然へ帰してくれる。

わからない。静止することにより、我々は宇宙の本質に近づくことができる。

太極拳をするときは「より低く」。重心を低くすることで地球に少しでも近づくことができるから。

太極拳をするときは「より弱く」。太極拳は戦いのためではなく平和のためのものだから。人はこれまで、攻撃し、敵を殺し、生き残るため力にたよってきた。太極拳もはじめは戦うためのものだったから、一つ一つの形（かた）にその歴史を見て取ることができる。しかし太極拳の目的はもはや戦いではない。いま、我々は老子がそうしたように「弱さ」を提唱する。傷つけるためではなく癒しのために力を使うのだ。水のように遅く、低く、弱くなろう。老子は言った。

天下には水より柔軟なものはないが、
堅強なものを攻撃する力で水にまさるものがない

のは、
それに代わりうるものがないからだ。
弱さが強さに勝ち、
柔らかさが剛(かた)きに勝つことは、
天下のだれもが知っているが、ただ実行できる人がいない。
このことから、「聖人」は言う、国中の屈辱をひきうけてこそ国家の君主といいうる。
国中の災禍を引きうけてこそ、天下の王者といいうる、と。正面から見たことばは反対の意味のようだ。

（『道徳経』第七十八章）

第二十九章　太極剣―無不為―

タオイストは自然の流れと争うことなくして、しかもすべての事をなしとげる。

太極の武術にはまた剣を使用するものがあるが、これもやはり誰かと戦うためのものではない。雲や山々とともに舞おうとするものである。太極剣もまた太極拳と同じように平和な運動であるが、その独特の表現性や美しさにより、太極の術の新しい到達点となった。剣は中国で刀剣類の王とされ、相手に致命傷をあたえ得る殺傷力を持つ。剣術には攻撃性や警戒心が必要となるが、これらは平和を愛する人たちが求めるものとは言いがたい。しかし逆説的ではあるが、剣術が目的とするのは自己修養や健康、平和である。すべて物事は逆方向に向かい得ると老子が言ったとおりである。

剣のつかの先端に開いている穴には長く赤い房飾りをつけることができ、両刃(りょうば)の刀身とバランスを取れるようになっている。これもやはり陰陽の対(つい)である。太極剣は危険な一面もあるが、優雅で表現力にすぐれ、ダンスのような魅力がある。等速運動の太極拳とは違い、太極剣の一連の動きには緩急がある。

太極剣をするときは無為がよいのか無不為がよいのか、
ジェニーははっきりさせたいのだ。

また、剣先はじつにさまざまな方向へくり出され、時には思いもよらぬ方へ行くこともある。太極拳が平和な無為だとすれば、太極剣は表現力に富んだ無不為だと言える。

仮想の学生ジェニーはこんなことを言うだろう。「ちょっと待って。先週先生は太極拳と目的地のない散歩は同じだと言いました。なのに今日は太極剣には目標が必要だとおっしゃる。いったいどちらを信じればいいのでしょう」

荘子は言った。「道に乗じて浮遊するものはそうじゃない。誉（ほま）れもなければ謗（そし）りもない。あるいは龍となりあるいは蛇となって、時とともに変化して、固執しようとはしない。あるいはのぼり、あるいはさがり、調和を基準とする」（注1）

私はジェニーにこう答えよう。「学生諸君。目的と無目的、有用と無用、無為と無不為のあいだにいよう」。

心と体に調和をもたらすという意味で、太極剣も太極拳も本質的には同じだ。太極剣の動きは体を伸ばし、剣先を通して自分の心を広くするのが大事だ。エネルギーは地面から両足に入り、全身を通って剣先まで流れる。剣を動かすのは腕ではなく腰だと、太極剣の師は言う。初心者は手だけで剣を動かそうとしたり、腕と体の動きがばらばらだったりするものだが、これは太極の原理をわかっていないためだ。体全体がつねに流れるようでなければいけない。剣が宙を舞うとき、演舞者も宙を舞っている感覚を得る。剣の動きにしたがって両足は地面を離れ、その高さは八センチはありそうだ。演舞者はついに天までのぼり、神か自然かはわからぬが天上の何かに触れるだろう。

剣を持っていない方の手は人差し指と中指を合わせて自然にのばし、折り曲げた薬指と小指は親指で支え、いわゆる「蘭の指」をつくる。この手は「秘密の剣」あるいは「剣の魔よけ」と呼ばれることもある。伸ばした二本の指は剣を握っている方の手の動きに合わせる。二本の指を剣と同じ方向へ向け、エネルギーと集中力をそちらへ向くようにしたり、あるいはわざと剣とは異なる方向へ向け、仮想の敵の注意をそらしたりする。そして、剣先、房飾りの端、指先を同一球面上の三点とする球体が、体のまわりをさまざまな方向へと回りエネルギーのバランスをとる。武術の師がこの球体の中につま先で立ち、流れるように動きつづけるなら、それはまるでこの上なく美しい絵のようだろう。ここから新しく神秘的な

注1　訳注『荘子』山木より。

空間が生まれる。これは人の内に秘めた能力、勇気、無不為に対する称賛だ。

荘子は剣術に対し、次のような卓説を述べている。

「天子（皇帝）の剣は……五行で天をおさえ、刑や徳によって論じ、陰陽でひらき、春夏によって維持し、秋冬によって行います。この剣はぴたりとつければ、前に出るものがなく、ふりあげれば上に出るものがなく、おさえつければ、下にあたるものがなく、これをまわすと傍らにあたるものがない、上は浮雲をきりひらき、下は地の綱をたちきってしまいます。この剣をひとたび用いますと、諸侯をただし、天下が帰服いたします」……

「諸侯の剣とは知勇の士を切っさきとし、清廉の士をやいばとし、賢良の士をみねとし、忠聖の士をつばとし、豪傑の士をさやといたします。この剣はぴたりとつけますと、これも前にあたるものがなく、ふりあげますと、これも上にあたるものがなく、おさえますとこれも下にあたるものがなく、これをまわすと、傍らにあたるものがない。上は円天にのっとって、三光にしたがい、下は方地にのっとって四時にしたがい、中は民意を知って、四方をやすらかにするのです。この剣をひとたび用いますと、雷霆がなりはためき、四封のうちのものは賓服して、君の命に聴従しないものはございません。これが諸侯の剣でございます」……

「庶民の剣と申しますのは、頭がよもぎのようで、鬢の毛はさかだっています。低い冠に荒紐を

人が挨拶するときに用いるのは友好的な言葉であり、剣ではない。

むすび、裾みじかな着物を着、目をいからし、喧嘩腰で物をいう。御前でうちあいますと、上は頸やえりを斬り、下は肺や肝を裂きます。これが庶民の剣ですが、まるで闘鶏とちがいはありません。一旦、命がたえれば、国事には役にたちません」……（注２）

タオイストは自然の流れと争うことなくして、しかもすべての事をなしとげる。「庶民」の行動というのは自分自身のつまらない目的のためのものである。一方、天子の剣をにぎる者は目覚ましいはたらきを見せる。なぜならその動きは宇宙の流れと調和しているから。

私はきみを尊敬する。なぜならきみは日々、生活という戦いを生き抜いているから。しかし時には少し休んで、花の香りをかぐとよい。なぜなら、人生は短いから。人が挨拶するときに用いるのは友好的な言葉であり、剣ではない。やさしくなろう。旅の途中きみが出会う人々はみな

注２　Zhuangzi, *The Inner Chapters*, trans. A.C.Graham（Indianapolis: Hackett Publishing Company, Inc., 2001）, 246.（訳注『荘子』説剣より）

剣を持たない戦士、戦場に生きる英雄。

苦しい戦いをしているのだから。

この世界には臆病者の居場所などない。人はなんとかして労働、苦しみ、死を受け入れる準備をしなくてはいけない。おまえの戦いはやはりすばらしい。なぜなら、生活という戦場に飛び入るとき鼓舞してくれる太鼓などないから。おまえが生活という戦場から凱旋するとき、あるいは敗退するとき、声をかけてくれる観客などいないから。

——ロバート・ルイス・スティーヴンソン

太極拳と太極剣の違いは、無為と無不為の違いを示している。太極拳では、どんなことが起きようとも自由な心を保っていなければならない。これがつまり無為であり、何もしないことだ。柔軟性は太極の道の実践である。どんな小さな動きにも奥深い意味がある。焦ってはいけない、心配してはいけない。この世にいるのはほんの短いあいだなのだ。今日は大きな仕事をすることはできないかもしれない。それでも立ち止まり、宇宙の万物とともに体を動かそう。

太極剣は、中心に立ち、自分の剣が望むことをすべてやる。これこそが無不為であり、すべてを為すことだ。すばらしいものはすべて自分の側（そば）にある。新鮮な空気は触れられる距離に、青空は頭上に。顔を上げて星々を眺めることだってできる。星々は剣を伸ばしても触れることはできないが、その美しさとともにいればよい。小さい体を大きくするように、宇宙と一緒に流れるように動こう。

対立するものの統一は宇宙法則の基本である。対立し合うものはまた、互いに補い合うものでもある。すなわち、太極拳と太極剣の関係もまた、同じように表裏一体なのだ。

第三十章　幸福

物質的な楽しみや社会的な評価は外から来るものだが、幸福は内面的なものである。内面的な幸福はうすっぺらな楽しみをはるかに超える。

幸福とは内的なものだ。大事なのは、自分が何を所有しているかではなく、自分が何者かということにあり、また、自分が何を手に入れたかではなく、何を経験したかということにある。虹を見ると胸が高鳴るが、けっしてそれを手に入れようとは思わないし、ほとんどの人はその虹の端を見つけ宝探しをしようとさえ思わない。雲を背に輝く虹の美しさを味わうだけで十分幸せな気持ちになれるから、そんなことをする必要はない。虹の輝きを心にとどめるだけで、それに対し何かをしようとか、手に入れようとかは思わない。

漢代の劉安は次のような物語を残している。

川は流れ、舟は発つ。今のこの時も過去となる。すべては過ぎ去るのみ。

北の国境近くに卜占（ぼくせん）をする老人がいた。あるとき、この老人の馬が国境を越えて遊牧民の住む地域へ逃げて行ってしまった。人は老人を元気づけようと声をかけたが、老人は、「これは福かもしれないよ」と言った。

数カ月後、逃げた馬はすばらしい馬を連れて戻ってきた。人はみな祝福の言葉をかけたが、老人は、「これは禍（わざわい）かもしれないよ」と言った。

老人の家は、すばらしい馬のおかげで裕福になった。老人の息子はその馬にのるのが好きだったが、ある日落馬して足を折ってしまった。人は老人になぐさめの声をかけたが、老人は、「これは福かもしれないよ」と言った。

一年後、遊牧民が国境をこえて攻めてくると、健康な若者はみな兵士として連れて行かれた。そのため、国境近くの者は九割が戦死してしまった。しか

し、老人は息子の足が不自由だったために、親子ともどもこの戦乱を生き残ることができた。（注1）

この物語は二千年ものあいだ語り継がれ、現在の中国では「塞翁（さいおう）馬を失う」ということわざにまでなっている。ここには、良いことも災いに転じることがあり、悪いことも同様に福となることがあるという教訓が含まれている。この転変は終わることがなく、予測することもできない。人の幸福はその人が所有しているものとは関係がない。馬も金も天下のまわりものだ。幸せになりたければ、物質的な所有は絶えず変化する川の流れのようなものと思った方がよい。ときに飛び散り、ときに盛り上がり、ときに落っこちる。我々はただ、世の中のみんなが知っているこの言葉を心に刻もう。「すべては過ぎ去る」

老子は言った。「災禍には幸福がぴったり寄りそい、幸福には災禍がひそんでいる」（『道徳経』第五十八章）。人はまるで、大海の波に運ばれる筏、川の急流に押し流される小舟のようである。しかし我々は潮の満ち引きが止まってほしいとか、川の流れがゆるやかになってほしいなどとは言わない。我々はただ海や川とともに、今そこにある幸せと自由を味わうだけである。流れのままに小舟を進め、新たな探険をはじめよう。そして、本当に嬉しいことがあれば完全に手を止め、ときには息をこらそう。

詩には人生でもっとも幸せな瞬間が記されている。詩人は身のまわりに美しいものを見つけると、そ

注1　訳注『淮南子（えなんじ）』人間訓より。

の情景に呼応する韻律にのせて詩をつくる。あらゆる文化において詩は重要であり、とくに中国では三千年間、文化の中心だった。むかし、中国の官吏はみな詩人だった。なぜなら、官吏になるための科挙の試験では、散文や詩をつくる能力が試されたため、官吏になれたのは文学的才能のある者だったからだ。いわば中国は詩人によって治められてきたと言えるが、これらの詩人の多くはタオイストだった——終生そうだった者や、一時期のみそうだった者、あるいは正真正銘のタオイストや似非タオイストをすべて含めて。詩人たちは自然を深く観察し、自然現象を借りて人生を解釈することで、政治的、社会的、あるいは金銭的なストレスから逃れていた。

中国の大詩人のひとり李白（七〇一～七六二年）は奔放に生きた人として有名である。壮大な自然を背景に、人生は自由で楽しいものだとした李白を、ほとんどの人が中国最高の詩人と認める。李白の詩が魅力的なのは、人生と自然に対し内側からわき起こってくる喜びがあるためである。

山中問答

どんなつもりで奥山に住むかと人はたずねるが、
私は笑ってこたえない。なんとも言えないよい気持ち。
桃の花びら水に浮き、ずっとはるかに流れ去る。
また格別の天地です、人里離れた世界です。

（書き下し文）
余に問うなんの意ありて碧山に棲むやと
笑いて答えず、心おのずから閑なり
桃花水に流れ窅然（ようぜん）として去る
別に天地の人間（じんかん）にあらざるあり

月下の独酌
花の間で酒壺ひもをかかえ、
友もいないので独りで酒を飲む。
杯をあげて名月をむかえ、
自分の影法師も数に入れると、三人の仲間ができた。
しかし、月はもともと飲むことを解しない。
影はただ私が動くのにつれて動くだけだ。
だがまあ、月と影とをお相伴させて、
楽しみをぞんぶん味わうのは、まさに春のうちに限る。

誰も宴に来てくれないなら、月を客に迎えよう。

私が歌うと月もさまよい、
私が踊ると影もふらふら踊り出す。
正気のうちは、こうして一緒に喜びあっているが、
酩酊したあとは、銘々(めいめい)ばらばらになってしまう。
しかし、月と影と私の三人は人間ばなれのした遊びのちぎりを永久に結ぶ。
落ち合う約束の場所は天の川のはるか彼方である。

（書き下し文）

花の間に一壺の酒、独酌してあい親しむなし
杯を挙げ名月をむかえ、影に対し三人となる
月すでに飲むを解せず、影はただ我が身に随(したが)う
しばらく月と影を伴い、行楽すべからく春に及ぶべし
我歌えば月徘徊し、我舞えば影零乱す
醒むる時はあい交歓し、酔いて後(のち)はおのおの分散す
永く結ぶ無情の遊、あい期する雲漢のはるか（注2）

ひとつめの詩には、中国の伝統文化において理想とされるタオイストの隠者の生活が描かれている。詩の主人公は、山のなかで見つけた幸福を思い切り楽しむ。英語には「Enjoying oneself」というすばらしい言い方がある。中国語を含め、ほかの言語にはこのような言い方はない。「enjoy oneself」とは楽しむという意味であるが、その文字通りの意味は、自分を楽しむこと、あるいは自分のなかで幸せを見つけることである。日々の生活のなかで、多くの人は自分自身が重荷になってしまっている。楽しい気分になるためには、仕事、スポーツ、ゲーム、ギャンブル、たばこなど、何か時間をつぶすことを考える。一方タオイストにこのような時間つぶしは必要ない。ひとりでいても自然のなかに友を見つけて楽しむことができる。タオイストは自分を負担と感じることはない。

ふたつめの詩には偉大なる詩人李白の孤独や寂しさが描かれている。しかし李白はその寂しさを陶酔へと変え、花や月や身のまわりの陰影に融け込ませる。「仲間」や「ちぎり」

自然は一番の友。

注2　訳注　日本語訳は以下の書によった。武田利男注『李白　上』中国詩人選集7　岩波書店

といった友情を示す言葉を用いながら、自然とのあいだに楽しい信頼関係を築くと同時に、楽しい時をすごすためには誰かにたよらねばという思い込みから自分を解放している。

李白は自然のなかに自由を見つけた。荘子が哲学的な物語のなかで陶酔を味わったように、李白もまた自分の詩のなかで陶酔を味わった。荘子も李白も社会の束縛から逃れ、自分だけの楽しみを見つけた。二人が自然のなかに見いだした気高さと自尊心は、両者と同じような感じ方をする者でなければわからない。李白はまるで荘子の描いた魚のようだ。

荘子が恵子（けいし）と川岸を散歩していた。荘子が言った。「魚が水のなかを悠々と泳いでいて、楽しそうだ」。恵子は言った。「きみは魚じゃないのに、どうして楽しいなどとわかるのだ」。荘子は言った。「きみは私じゃないのに、私が魚の楽しさがわからないと、どうしてわかるのだ」。恵子は言った。「私はきみではない。だから当然、きみがわかるかどうか、知らないよ。しかしきみは魚ではない。だからきみが魚の楽しみがわからないのは確かだろう」。荘子は言った。「話をもとへ戻そう。きみは私がどうやって魚の楽しみを知ったのかを聞いたはずだ。それは私が魚の楽しみを知っていることをきみが認めたということだ。きみが知りたいのは、私がどうやってそれを知ったかということだろう？　私は川岸に立ってそれを知ったのだ」（注3）

魚たちが喜びに満ちているのは、自分たちがやるべきことをやっているからだ。水のなかを泳ぎ、泡を吐き、一度たりとも他のものになりたいなど考えたこともない。李白は月とともに、馬は草原とともに、魚は水とともに楽しみの境地に至る。まわりからの評価は必要ないから、人が何と思うか気に病むことがない。物質的な楽しみや社会的な評価は外から来るものだが、幸福は内面的なものである。内面的な幸福はうすっぺらな楽しみをはるかに超える。

内面的な幸福には、自分を日常的な悩みから解放するための静かなひとりの時が必要だ。生きる上で悩むことは大事なことだ。しかしそれは一時的でなければいけない。悩みが長くつづくと心の健康にも社会の調和にも悪い影響を及ぼす。一方、おだやかな心は知を高め、心を広くし、健康にもよい。静かな幸せは人を強くし、世の中に貢献する力をあたえてくれる。人は恐れているときや怒っているとき、あるいは落ち込んでいるとき、自分の殻のなかに引きこもると同時に、まわりの人たちをも重い空気に巻き込んでしまう。中国では、「一人が部屋のすみで泣いていれば、その場の者みなが楽しめない」と言う（漢・劉向「今満堂に酒を飲む者あり。一人ただ索然として隅に向かいて泣けば、すなわち一堂の人みな楽しからず」（注4））。一人隅で悲しんでいる者がいるとその部屋のみんなが不愉快な気分になる。逆に、幸せな人はまわりの人たちにも花の香りや虹のすがた、おだやかな心を伝染させる。

注3　訳注『荘子』秋水より。
注4　訳注『説苑（ぜいえん）』貴徳より。

社会はたくさんの個人によって成り立っており、個人は集団の状態に対し責任がある。数百年来、哲学者は社会のため自分を犠牲にする利他主義について論じてきた。現代のタオイストはこのような無私の考えに賛同するが、また同時に、個人の精神状態が世界全体の総体的な思考を決定することも強調しなければならない。不幸な人間が政権を握るのは非常に危険だ。全世界を苦しみの巻き添えにしてしまう可能性がある。歴史はこのことを何度も実証してきた。このような権力者と同じように、我々ひとりひとりも集団に対し影響をあたえる。もし君が幸せで健康なら、この世界という海に一滴の幸せと健康をもたらすだろう。時に人は、自分ひとりが幸せになったところで、人類全体のためにはなんの貢献もしていないと感じることがあるかもしれない。しかし実のところ個人は、人類の調和のため実にいろいろなことをしている。ひとりの喜びはこの世界という虹に彩りを添える。このような無為は無不為でもある。

楽しい気持ちというのは自然なものだ。心が無為ならば、楽しさが得られる。欧米の文化は「贖罪（しょくざい）」の文化だ。このような文化圏で育った者は、目に見えない手による処罰を恐れる。目に見えない罪の重圧から自由になろう。人は無限だ。実現できない幸せなどない。中国文化は「恥」の文化だ。中国の文化圏で育った者は面子がつぶれることを恐れる。社会に植えつけられた恥の観念を投げ捨てよう。すべての悲しみは喜びに変えられる。

第三十一章　後悔しないこと

無為というのは、後悔を恐れて決定しないことではなく、川の流れのように絶えず修正することだ。

できるかぎり心を虚寂にして、
しっかりと静寂を守らなければならない。
万物はすべて生長発展しているが、わたしはそれを通じてその循環往復しているのを観察する。
事物は千変万化し入り乱れているが、最後にはまた各自それぞれの出発点にもどっていくのだ。
出発点にもどっていくのを、静とよび、これを復命とよぶ。

（『道徳経』第十六章）

後悔してはいけない。世の中で起こる事すべてが君のせいというわけではない。また、君と君の家庭に起こる事すべてが君のせいというわけでもない。人は大海の一滴にすぎず、大海のとてつもない大きなうねりが個人の状況を決定するだけだ。自分は神ではないと気づくことが一番の解放となるだろう。自分を神と言う人はいないが、多くの人はまるで神のように身のまわりのことを自分でコントロールできると思いこんでいる。したがって、ものごとが思い通りにいかないと悔しがる。

毎晩靴下を脱ぐときは、あらゆる問題もいっしょに脱ぎ捨てよう。心配はいらない。靴下はなくならないし、翌朝別の靴下をはくとき君の世界は戻ってくる。一日を終えた人は港に停泊する船であり、潮の流れを子守唄とするカモメであり、地に落ちる秋の葉であり、ふるさとを慕う子どもである。無為の幸せな世界に入るときは静かで平安であろう。すべてのこと、すべての人、すべての悩みから解放されよう。老子は言った。「できるかぎり心を虚寂にして、しっかりと静寂を守らなければならない。万物はすべて生長発展しているが、わたしはそれを通じてその循環往復しているのを観察する」(『道徳経』第十六章)。睡眠とは虚無に入る事であり、平穏と静寂をつなぐことだ。

世の中で一番尊いものは命だ――それはひとりにただ一つしかない。この世を去るとき、人はこのように言えればよい。「このような感覚は初めてではない。これまでも毎晩寝るときにはすべてを手放してきた。これまでは何かを行なってきたが、今私は無為となる。私はこれまで後悔したことはないし、今も後悔はない」

何かを決定するとき、そこには後悔がひそんでいる。ある考えが起こったとき、それはまるで今にもほころびようとする春の花のようだ。しかし一度決定すると、それは突如稲妻（いなずま）へと変わる。後悔が夏の嵐のように襲来し、心のなかの花をびしょ濡れにしてしまう。その後、後悔は当初の勢いは失うものの、秋の雨のようにひたすら心をたたきつづける。そして最後に後悔は冬の雪へと変わり、ゆっくりと舞い落ちては心の生傷をふさぐ。

老子は「無為にして後悔なし」と言う。行動すれば後悔がやってくる。なぜなら、最初に取る行動がまちがっていないということはまずないからだ。まちがいを犯したくなければ、何もしないのが一番よい。老子の「無為にして後悔なし」には、その無為の思想が反映されている。無為というのは、後悔を恐れて決定しないことではなく、川の流れのように絶えず修正することだ。英語の「correct」は正しい、まちがいないという意味の形容詞だが、動詞になると、正しくするために変化を加えるという意味になる。つまり、正しく（correct）あるためには、過去のあやまちを嘆くのではなく、つねに修正（correct）しつづければよいのだ。

つまりこれが、無不為だ。道を歩くとき、初めに踏み出した一歩の方向が正しくないことに気づき、引き返す。はじめに歩き出す方向をまちがえたからといって後悔するだろうか。そんなことはない。人は絶えず両足の向かう方向を変化させて体全体を前に進める。つねに方向を変えながら踏み出す足は無不為であり、それによって自然に前へと進む体は無為だ。たくさんの誤った方向は互いに相殺されるので後悔することがない。

すべての問題はいずれ自然に解決する、これが道だ。未来を憂えず、過去を悔まず人生を歩んでいこう。取るに足らない人間になってみよう。その過程ですべてのことが恐れずにできるに違いない。夜明けの雲は朝日に照らされしだいに色を失うが静かなままであり、陽光を通すけれども揺らぐことがない。山をかすめて得意げになる雲はなく、谷に沈んで鬱々とする雲もない。雲は何もしていないように見えるが、実はあらゆることをしている。山頂へ上がるのに恐れることなく、谷を通り過ぎたことを悔むこともない。これがすなわち無為にして無不為の心だ。いい気にならず、弱気にもならず、ただおだやかに流れにまかせる。

小川はいともたやすく岩をのりこえさらさらと流れる。岩は清水を泡立たせ、こころよい旋律をつむぎ出す。人生の障害物はせせらぎのなかの岩のように道程をより美しいものに変える。それゆえアメリカの作家ジェームズ・モーリス・トンプソンは「小川はさらさらと、古い音楽のように夢に入り込む」と言った。これこそが人の生きる道だ。ささいな障害物ぐらいでは塞(せ)き止められることがない。岩にぶつかった流れは湾曲するか二つに分かれる。まさに老子が「水は万物を助けるのがうまくて万物と争わず、みなのいやがる場所にとどまっているから、それで道にもっとも近づいている」と言ったように。状況に応じて最良の対応をする。ときにのりこえ、ときにあきらめ、ときに無為となり、ときに無不為となり、恐れも後悔もなくただ前に進む。これがあるべき姿だ。

以前、父に頼んで私のノートに言葉を書いてもらったことがあった。父は次のように記した。

啓光へ　人に寛容に、自分にも寛容に。かつて私は、人には寛容に、自分には厳しくあろうとした。しかし人に寛容になることはできたが自分には十分に厳しくすることができなかった。八十歳にもなって人生観は変わるものか。

——九五年九月十二日、中秋節の三日後、父。

物理学の教授で南開大学の教務主任だった父はたいへん思慮深く、八十年の時を費やして自分と人にどのように応じればよいかを学んだ。我々は人に寛容になるべきで、また同時に自分に対しても他人に対するのと同じように寛容であるべきだ。世の中に完璧なものなどない。だから自分が、あるいは人がつまずいたとき、やさしくおだやかに対応しよう。人の目を気にせず、自分だけの道を、方向を調整しながら歩んでいこう。絶えず修正し、変化させ、後悔することなく、宇宙の流れのままに生きよう。悩まず、自分を責めず、悔まず、恐れず、疑わず、杞憂せず、ゆったりと生きよう。

第三十二章　長寿

自然は人や動物の師であり、医者であり、友だ。

古今東西の哲学のなかでもタオイズムはとくに命を重んじる。タオイズムの伝統に従って生きる私はカールトン・カレッジで「タオイズムの健康法と長寿法」という講義を始めた。これは、現代科学の健康法を交えながらタオイズムの健康法と長寿法を学ぶもので、毎年学内で一番の受講者数を集めた。フランシス・ベーコンが言ったように、理論は実験で証明されなければならない。私が口で言うだけでは説得力がないので実証例をあげて説明すると、アメリカの学生は実に心から感心していた。

私は家で「ホアンホアン」という名まえの犬を飼っている。ホアンホアンは一般に十二、三歳の寿命と言われている犬種であるが、もうすでに二十歳を越えている。さらにすごいのは、二〇一一年の八月ホアンホアンを連れて中国に一年の帰省をし、二〇一二年十一月にアメリカに戻ったのだが、二回も太平洋を飛び越えたにもかかわらず今でも子犬のように元気いっぱいで跳ねまわっていることである。人の寿命は犬の七倍のはずだから、ホアンホアンは人間の歳で言えばもう百四十歳ということになる。ホアンホアンがこれほど長生きしているのは偶然ではない。タオイズムの健康法がただの神話ではないと科学的に証明されたということだ。以下に私がホアンホアンに実践したタオイズムの健康法をいくつか紹介しよう。

えさの量は少なめに。犬の祖先はオオカミだ。オオカミの活力のもとは飢えであり、満腹になったときは横になったまま動かない。私の見るところによれば、毎日満腹になるまで食べて寝てばかりいる犬は十歳まで生きない。老子は言った。「食べすぎや太りすぎはみんなが嫌う。よって道を体得する者はこれらを避ける」（注1）。私は腹六分目を心がけている。これはギリシャ人の「黄金分割」（〇・六一八）の数字から来ている。

野菜を多めに。野菜を中心とし、そこに少量の魚と各種ビタミン、ドッグフードを補う。荘子は「蔬(そ)食(しょく)して遊びまわる。まるでつながれていない舟のように」と主張した。少量の魚を加えれば犬は喜んで野菜を食べる。また、オリーブオイルを少し混ぜれば、心血管の保護になる。

飲み水は多めに。水は命の源(みなもと)であり、老子は「最高の善は水のようなものだ」と言った。犬がみずから水を多く飲むことはないので、えさに水を混ぜるようにする。あわせて、なるべく尿の回数を増やし、体内の水分を循環させる。一日四、五回が理想的だ。水分摂取の不足や尿の回数が少ないのは人にとっても犬にとっても短命につながる。また体をしょっちゅう洗って清潔にするのも大事だ。

運動は多めに。老子は「動けば動くほどたくさん生みだす」と言った。犬と一緒に散歩すれば犬にも人にもよい。一日二回以上、合わせて一時間から二時間が理想だ。私はよくホアンホアンをつれて草原やミシシッピ川のほとりを散歩する。老子は「人は地を法則とし、地は天を法則とし、天は道を法則とし、道は自然を法則とする」と言った。自然は人や動物の師であり、医者であり、友だ。

自然に親しむ。川辺や山など、風景の美しいところがよい。

作者の飼っている二匹の犬。「ホアンホアン」と「ララ」

ふれあい。もともと群れで生きる動物である犬は孤独を嫌う。したがって、出かける前や帰宅した後はなでたり抱いたりしてやる。犬に話しかけるのもよい。ずっと話しかけていると犬も言葉が少しわかるようになり、人から見てもメリットがある。

犬と人の遺伝子は九十五%が同じであるから、以上のことは人にもあてはまる。この二百年で人の寿命は四十歳から約八十歳と、二倍以上になっ

注1　訳注　『道徳経』第二十四章より。

た。おそらく数十年後、人の生活スタイルがより合理的で科学的になれば、寿命はさらに二倍になるだろう。すなわち、現在五、六十歳の人はあと数十年、つまり百五十歳ぐらいまで生きる可能性があるということだ。ホアンホアンの健康法はもちろん上述の六つだけではない。私はこれからもホアンホアンの健康に気をつけ、世界一の長寿犬にしようと思っている。その時は世の中に向かってこう言おう。「犬にできるんだから、君にもできる」

第三十三章　生と死

無為（死）となる前に、できるかぎり生の冒険（無不為）を楽しもう。

天は長しなえであり地は久しい。
天と地が長しなえであり且つ久しいわけは、
その存在が自己のためではないから、
だから長く生きられるのだ。
こういうわけで聖人は自分を後まわしにしながら、
かえって先頭に立つことになり、
自分をまったく無視しながら、
かえって安全を保つ。
これはまさにかれが利己的でないことによるのではないだろうか。

それでかえってかれの目的を達成することになるのだ。

（『道徳経』第七章）

健康で長生きするためには、宇宙と一体になるのがよい。宇宙と一体となるためには常識を見直してみるのがよい。時に道の思想はばかげたものに思えるが、常識に縛られず考えるようにすればそのすばらしさがわかる。

世の中は対立するふたつのものに分けることができる。あらゆる物事には両面性がある。一方が否定されると、今度は逆の方向に向かい始める。我々はしばしば前進するために後退することもあり、すべては対立するものを必要としている。人は歩くとき、片足を前に進めると同時に、もう一方の足で地面を後ろに蹴る。人の体を前に進めているのは後ろの足なのだ。歳をとるとき、遅れている方が長生きすることができる。言い方をかえれば、遅れることによって前に進むことができる。

このような流れは自然で、余計な力がいらない。雲や花のように形は変化するが、その本質的な構造は変わらない。

人が生きているとき身体は柔弱だが、
死ぬと身体は硬直する。

草木が生きているとき枝や幹はやわくもろいが、
死ぬと枝や幹は枯れて硬くなる。
だから、堅強なものは死亡のなかまに属し、
柔弱なものは生存のなかまに属している。
このことから、軍隊は強大になれば破られ、
枝は強大になれば折られる。
堅強さが劣勢をとり、
柔弱さが優勢を占める。

（『道徳経』第七十六章）

老子の知はさまざまな現象によって裏づけられる。誰もが持っている歯と舌について考えてみよう。柔らかいのはどちらだろう？　もちろん舌だ。どちらが先に抜け落ちるだろう？　もちろん歯だ。舌が抜け落ちるという話など聞いたことがない。

有名なイソップ物語「樫と葦」にも同じような考えが表れている。一本の大きな樫の木が大風に吹き抜かれ沢をこえ葦の原のなかに倒れこんだ。樫の木は葦たちに向かって言った。「まったく不思議だ。おまえたちはこんなに軽く、こんなに柔らかいのに大風にもなぎ倒されることがない。これは一体どう

いうことだ？」葦たちは答えた。「きみは大風と戦い、抵抗したが、最後には打ち負かされてしまった。僕たちは逆だ。そよ風にすらなびいてお辞儀をする。だからこそ風に害されることなく、難を逃れることができる」。ゆずることで生き延びられる。ゆずればゆずるほど長生きできる。どちらにしろ最後にあるのは死だけなのだから。

生と死ではどちらが正常な状態なのだろう。なぜ地球以外の星で人類は生命を見つけることができないのだろう。もし死が正常でないとすれば、なぜ空いっぱいに生物のいない星々が輝いているのだろう。もし生が正常なのだとすれば、なぜ人には八、九十年の生しか与えられず、死は生まれる前と死んだ後の無限の時を有するのか。

生命の痕跡がまったく見つけられない火星の地表は正常である。草木が青々と茂る地球の景色にくらべれば、水も命もない荒涼とした火星の景色は、宇宙においてはより正常である。水にあふれる地球の表面は正常ではない。誰もが知るように、液体としての水がなければ生命は存在し得ない。天文学者は大変な労力を費やして火星上に「かつて水が存在した」わずかな可能性を証明したに過ぎなかった。他の星には水がないため生命が存在しない。こうしてみると、生よりは死の方こそ宇宙の本質と言える。人が死ぬということは正常に帰るということだ。人はこのつかの間の不正常な状態——生に執着するべきではないし、また死の不変性や普遍的な宇宙法則を拒んではならない。

死を恐れ生に執着する者は、道に迷って家に帰れなくなった子どものようなものだ。『列子』には次

我々は死によってこの都を失うとき、
泣くべきだろうか、笑うべきだろうか。

のような斉の景公の話が載っている。

斉の景公は牛山に登り、都の街なみを見おろして涙を流しながらこう言った。「まことにすばらしい国ではないか。草木は青々と生い茂っている。どうしてこの国を後にして死ぬことができようか」

すると従者の史孔や梁丘拠も泣きながら言った。「私たちは殿のおかげで粗末な食事でも何とか食べてゆくことができ、安物の車馬でも何とか乗ることができています。しかし、その私たちでさえやはり死にたくはありません。ましてわが殿ともなれば、なおさらのことでしょう」

ところがそのとき晏子（あんし）だけは、そばで笑っていた。景公は涙をぬぐうと眉をひそめ晏子（あんし）にこう言った。「私はじつに悲しい気持ちで、史孔や梁丘拠らも泣いているのに、そなただけはなぜ笑うのだ」

晏子(あんし)は言った。「もし君主がいつまでも国を持ちつづけるのであれば、あなたのお祖父さまや桓公(かんこう)が永久に斉の国を持ちつづけておられましょう。またもし勇者がいつまでも国を持ちつづけるのであれば、荘公や霊公が永久に斉の国を持ちつづけておられましょう。そしてこれらの王たちが斉の国を持ちつづけているとしましたら、わが殿は王位を得ることもなく、蓑(みの)と笠(かさ)を着けてただ畑仕事をし、とても死ぬことなど考えるひまはなかったはずです。交替して次々に王位につかれ、次々に去ってゆかれたからこそ、殿にまで伝えられてきたのです。それなのに、殿だけが泣いておられる。私は道理にはずれた君主と君主にこびへつらう二人の臣下を前にして笑ったのです」

景公はすっかり恥じ入り、罰杯をあげて自分を責めるとともに、二人の臣下にもそれぞれ罰杯を飲ませた。(注1)

また、荘子には次のような物語がある。

荘子の妻が死んだ。恵子(けいし)がとむらいに行くと、荘子はあぐらをかき、鉢をたたいて歌をうたっている。恵子(けいし)は言った。「長いあいだ一緒にいて、子どもをそだてた。今その妻が亡くなったというのに泣きもしない。それどころか鉢をたたいて歌をうたうというのはひどすぎるじゃないか」

荘子は言った。「いやちがう。妻が死んだばかりのときには嘆かずにはいられなかった。しかし、

自然へと帰る妻を陽気に見送る荘子。

その始めを考えると、もとは命がなかった。命ばかりではない、もとは形すらもなかった。形ばかりではない、もとは気もなかった。ぼんやりとした中に変じて気が生じ、気が変じて形ができ、形が変じて命ができ、いままた変じて死に帰した。つまり春夏秋冬の季節がめぐるのと同じなのだ。妻はいま天地の大きな部屋に休んでいるのに、私が泣きわめいたのでは、命の道理に通じないと悟ったのだ。そこでやめたのだ」（注2）

荘子の話には多くのタオイストの話と共通する一貫したメッセージがある。死は自然へ帰ることであり、平安や永遠に帰るということだ。では、このように自然への回帰を

注1　訳注　日本語訳は以下の書を参考にした。『中国古典文学大系第4巻』平凡社「列子・力命篇」

注2　訳注『荘子』至楽より。

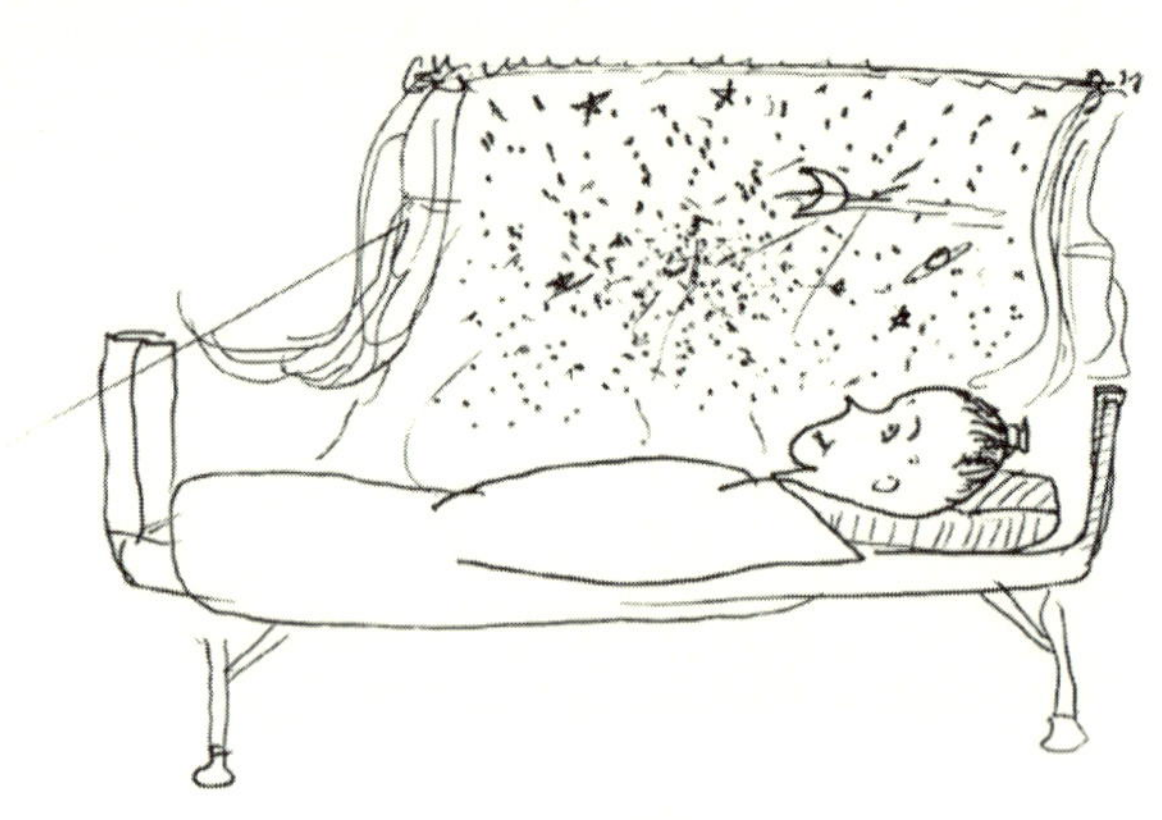

こちらとあちら、どっちがおもしろいかな？

よしとするタオイストが不老長寿に夢中になるのはなぜなのか。錬金術によって仙薬を作りだし不老長寿を求めるというのは、世界中の人が知るタオイズムの伝統だ。タオイストが死を恐れないのだとすれば、なぜこのように死から逃げようとするのか。

山頂で時を過ごし、日没を待つ。これは谷の家に帰るのを恐れているわけではない。真のタオイストは命を愛し、そして死を恐れない。タオイストが不死を追い求めるのは死という静かな未知の領域を恐れるからではなく、慣れ親しんだ生の国に少しでも長くとどまりたいと思うからだ。

我々がこの世で過ごすのはほんのわずかな時間だが、あの世での時間は無限だ。死とは誰も体験したことのないものであり、非常に興味深い。しかし、我々が今ここで体験している生もやはり同じように興味深い。無為（死）となる前に、できるかぎり生の冒険（無不為）を楽しもう。

人生が一夜の夢なのであれば、その夢をなるべく長くすばら

劉伶の言いつけ。
「酒の飲みすぎで死んでしまったら、その場で埋めてくれ」

しいものとしよう。人生がただのゲームなのであれば、そのゲームを思いきり楽しもう。人生が片道切符の旅なのであれば、立ち止まったり、外へ飛び出したりして景色を味わおう。急ぐ必要はない。「もうやった？」とつねに問いただす必要はない。死をきちんと理解すれば、健康と長寿と、恐れのない人生を手に入れることができる。

晋の時代（二六五〜三一七年）、タオイズムはただの理論にとどまらず、多くの学者が実践する生活スタイルとなった。かの有名な「竹林の七賢」が生まれたのもこの時代である。この七人の賢者のうち、劉伶（りゅうれい）は世俗的なことがらにもっとも無関心だった。『晋書』列伝十九によると劉伶は、「身長は六尺、姿はみにくく自由奔放で、宇宙を自由に飛翔し万物に対し分け隔てない態度をとった。口数は少なく、やたらと人づきあいはしなかったが、阮籍（げんせき）、嵆康（けいこう）と出会い心からわかりあえる友となり、一緒に竹林に入った。劉伶は財には関心を示さず、いつも鹿の車にのり、手には酒壺をさげ、鍬（くわ）を持たせた従者を車のうしろに付け、『酒の飲みすぎで死んでしまったらその場で埋めてくれ』と言っていた」と言う。劉伶は鍬をたずさえた童子を連れて街を歩くことで、世の中の人たちに「死は怖いものではない。死は生と同じかそれ以上に普通のことなのだ」と主張したのである。劉伶の酒好きは大した話ではないが、その大胆な言動は、生死を達観した魏・晋時代の名士のあり様をよく表している。

劉義慶（四〇三〜四四四年）の著した『世説新語』には次のような記載がある。「劉伶は家でよく服を脱ぎ酒を飲んだ。人がこの様子を見て笑うと劉伶は言った。『天地は俺の家、この家は俺のふんどしだ。おまえら俺のふんどしに入って来てどういうつもりだ？』」このように竹林の七賢とは、生死の本質を見抜いて天地と一体となることを楽しみ、行儀や人の目などは気にしない人たちだった。

荘子は死を、無限の宇宙のなかの小さな自然変化と捉える。

天地という偉大なるものは人に体をあたえ、人に生きるための苦労をさせ、歳をとることで楽にし、死によって休息をあたえる。よって、人に生をあたえたものは人に死をもあたえる。舟を谷に隠し、釣り道具を沢に隠して安全だと言う。しかし、知らないうちに力あるものがこれを夜中に持ち去ってしまうかもしれない。小さなものを大きなものの中にしまいこむのは一理あるが、しかしそれでも失う可能性はある。だが、天下を天下のうちにしまいこむならば、失うことはない。これこそ不変の道理というものだ。体という形をあたえられ、人は喜ぶが、形というものは千変万化す

舟をどんな山深くに隠そうとも、力のある者が持ち去ってしまう。

る。したがって、喜びというのは終わりがない。（注３）

死に対面するその日、人はどうしようもない恐怖に襲われ、いわゆる生というものに必死でしがみつくだろう。しかし、それは宇宙の無限の変化のひとつにすぎない。木の葉は枝を離れ、太陽は山へ沈み、星々は燃え尽き、人は死ぬ。生も死もひとつのプロセスのなかのステージでしかない。したがって、君が生をすばらしいと思うのなら、死を恐れる必要はない。

この世を去ろうとするとき、私は「あれをやっていない」とか「あれをやったのは間違いだった」などとはけっして言わない。私はこう言おう。「ここへ来て何も思い残すことはない。無為であり無不為だった」

注３　訳注『荘子』大宗師より。

あとがき

あたたかく支えてくれたわが家族に謝意を表したい。また、科学を通して私に文化や文学、人生哲学を教えてくれた両親に感謝したい。私が中国の伝統を愛し、それを現代生活にどう生かすかを考えるようになったのは、物理学の教授である父趙景員がユーモアあふれる賢明さで私を導いてくれたからである。また、同じく物理学の教授で、漢詩の創作を得意とした母の王淑賢は、亡くなる数カ月前、本書の内容とイラストについてよき相談相手となってくれた。二人の兄もいずれも物理学者である。上の兄趙啓正は、宗教、国際交流などの分野を含め計二十冊以上の著作がある。兄は本書の内容がより多くの読者に関心を持ってもらえるよう、いろいろとサポートしてくれた。下の兄趙啓大は、小さいころ絵を描きながら話をしてくれた。これは後に私の講義スタイルとなり、本書もやはりこのスタイルによっている。

カールトン・カレッジの経済的、学術的サポートにも感謝したい。キャンパス内の美しい湖と森、教員、職員、学生、すべてが私に申し分ない環境をあたえてくれた。特に以下の学生たちのサポートには本当に感謝したい。

Samantha Kirk

Sophie Kerman
Jessica Taylor
Kaitlin Justin
Kathryn Elizabeth Mall Schmidt
Jane Caffrey

Andrew Weis 博士は本稿の内容にたいへん興味を持ってくれ、貴重な意見とアドバイスを提供してくれた。また、Roger Lasley 氏と洪増教授のサポートにも深く感謝したい。

本書に記した考えの多くは、二〇〇七年、私が上海衛星テレビの老子をテーマとしたトークショーに出演した際に生まれたものである。私をこの番組に推薦してくれた復旦大学の銭文忠教授に感謝する。また、番組プロデューサーの于永進氏、司会の金波氏、ディレクターの夏寧氏にも謝意を表する。

紙面の関係上、ここに各人の名を記すことはできないが、私を支えてくれたすべての人に心から感謝の意を表したい。

チーグアン・ジャオ

付録1　ドアを叩く音（カールトン・カレッジでのスピーチ）

毎年夏、カールトン・カレッジの新入生は入学前に一冊の課題図書を読み、学期が始まるとその本についてみんなで討論することになっている。二〇〇三年の課題図書は『バルザックと小さな中国のお針子』（注1）だったのだが、私はこの本をテーマに始業式でスピーチをすることになった。二〇〇三年九月十一日、校内のスキナー・メモリアル教会堂で行なったそのスピーチの一部を以下に記す。

「私に支点をあたえてくれるなら地球だって動かしてみせよう」と言ったのはアルキメデスですが、問題はどこに支点を置くかです。

物理学者によると、二つの物体のあいだの距離が遠ければ遠いほど、てこはより大きな力を発揮します。私たちはてこを、私たち自身と未知なる自然、未知なる美、未知なる同胞たちとの繋がりの上に据えましょう。しっかりした土台があれば私たちはこの世界を動かすことができるのです。

注1　訳注　以下の邦訳あり。ダイ・シージエ著、新島進 訳『バルザックと小さな中国のお針子』ハヤカワepi文庫　二〇〇七年

私はそのような繋がりの力をこの目で見たことがあります。ちょうど皆さんと同じ歳のころ、私は中国の「文化大革命」を経験しました。文化大革命というのは実際には文化を否定する革命です。現代中国、伝統的な中国、またよその国々、これらのあいだの繋がりをすべて破壊することでプロレタリア革命文化を創造することを目指しました。

「文化大革命」の初めごろ、紅衛兵は各家々を家探し、「ブルジョア的な本と物」を没収して回りました。私の両親は二人とも物理学の教授だったのですが、うちに最初にやって来た紅衛兵は両親が教えている大学生でした。ある夜、紅衛兵がうちのドアを大きな音をさせて叩きました。私はとっさに母の日記のことを思い出しました。その日記が紅衛兵の手に渡れば、私たち家族はたいへんな危機に陥ってしまいます。紅衛兵がドアから入ってきた瞬間、母の日記をつかんだ私は裏口から外へ飛び出し、一・六キロほど離れたところにある公衆トイレまで走り身を隠しました。

トイレはとても静かで、見上げた窓の向こうには月と星が輝いていました。聞きなれたコオロギの声と、初めて聞く紅衛兵の行進曲が入り交じるなか、私は無事守りきった母の日記を確認し、そしてその内容を忘れないよう心に刻みつけようと考えました。月の光の下、私は慌ただしく日記を読みはじめました。一ページ読み終えるごとに、そのページは破って流しました。日記の大部分は達筆な漢字で記されていましたが、一部英語で書かれたところは、当時の私には理解できませんでした。二時間かけてこの仕事をやり終えた私は、成功者などほとんどいなかった時代に、片田舎の少女だった母がどのような道をたどって物理学の教授になったかを初めて知りました。戦乱、飢饉、革命が中国全土にあふれ、先を見通すことなどできなかったなか、母は知の追及を通して世界と繋がろうとし、しっかりした基盤を探し当てていたのです。

トイレを出て満天の星空を見上げました。そこは静かで神秘的で美しく、真っ暗なこちらの世界とは対照的でした。帰宅すると紅衛兵は去ったあとで、家のなかはぐちゃぐちゃでした。ただ不思議なことに、両親の個人的なノートや学術論文はすべて奪い去られていたにも関わらず、それ以外の何千もの本は手つかずでした。母は、自分の日記が紅衛兵によって持ち去られたのではなく、私が破り捨てたことを知ると、ほっとしていました。

「あれは、物理学科の私の学生たちだよ」。父はため息をついて言いました。父は、紅衛兵に壊された物が少なくてすんでほっとしているのか、それとも儒教において神聖とされる師弟関係が冒瀆（ぼうとく）されて嘆いているのか、私にはわかりませんでした。その言葉の意味がわかったのは、それから何年も経ってからです。その頃には「文化大革命」も終わり、父は大学の教務主任になっていました。父がまずはじめに提案したのは、理工学科の学生に人文学を学ばせ、人文学科の学生に自然科学を学ばせることでした。紅衛兵は世界について限られた知識しか持っておらず、歴史的な認識も欠いていたために破壊行為に突き進むことになったのです。現在、私たちはよく善悪について論じます。私は、悪というのは無知と権力が結びついたときに生まれると確信しています。

家探しはただの始まりに過ぎませんでした。紅衛兵はそれから何日も続々とやって来ました。新しく来るようになった紅衛兵は高校生だったのですが、その行為はさらに乱暴で、革命と関係のない本はすべて焼くというものでした。私たち家族は一つの決断をしました。それは「文革」期、きっと他の誰もやらなかったことでしょう。紅衛兵がドアを叩いたら、灯りを消しけっしてドアを開けないのです。いくつもの紅衛兵のグループがうちの真っ暗な窓の前を通り過ぎていきましたが、ドアをけたたましく叩きはするものの、中に押し入っては来ないのです。紅衛兵がやっていたのはきっと形だけの革命だったのでしょう。わざわざドアを壊してまで入ろうという気持ちはなかったのですから。

何日も何日も、激しく叩かれるドアの音を聞きながら（それは人の作りだす音のなかでもっとも忌まわしいものでした）私たち家族は李白、孔子、老子、荘子、ニュートン、アインシュタイン、シェークスピアらこの上なく美しい心の持ち主の書き記した本のあいだに隠れていました。これらの本を守るために冒（おか）した危険は大変なものでした。数週間後、家探しはなくなりましたが「文化大革命」はさらに十年以上もつづき、学校は閉鎖され多くの本が発禁となりました。ただ幸運なことに、うちの本は無事なままで、私たちと世界との繋がりが断ち切られることはありませんでした。孤軍奮闘のすえに得た勝利でした。中国にとってこれ以上ないほどの暗黒の年月でしたが、私は科学や文学、歴史の本のなかに安らぎとインスピレーションを見いだすことが出来ました。本は私と世界との橋渡しをしてくれたのです。

今でも私は図書館の本や雑誌のなかに埋もれ、読書、研究、執筆などをするのが好きです。まるで、世の中の喧噪や嵐から私を守ってくれる万里の長城のようではありませんか。私は時々本をひざの上に置き、神秘的な宇宙との繋がりを求めてみたり、天地のあいだに何かあるのではと窓の外の地平線を眺めたりします（私はこれを黙想と呼びますが、妻に言わせれば単なる時間の無駄だそうです）。また、柔らかな静けさに包まれた学問の殿堂で、ドアを叩くけたたましい音から逃れ静座するのも好きです。

でも、あの九月十一日の事件を経験した今だからこそ、私は皆さんに警告しなくてはなりません（ちょうど今日が九月十一日ですが）。どんな文化も災難を避けて通ることはできません。もし皆さんが世界と繋がることをやめてしまえば、あの忌まわしいドアの音を聞くことになるでしょう。

二〇〇三年九月十一日

付録2　英語版　まえがき

この原稿を書き上げる直前、母がこの世を去った。母は物理学者で、詩人で、アスリートで、そして偉大な母親だった。突然目の前につきつけられた生と死、それは講義上の問題などではなく現実の試練だった。人生は我々にとって受け入れ難く、不当で常識はずれにも見える。与えられた命も最後には誰の許可もなくさっさと奪い去られてしまう。聡明な母という支えを失った私は、すぐにでも生死の謎を解き明かさねばという気持ちになった。

いつ、どのように死ぬかを我々は選べない。しかし、いつ生きるかを決めることは出来る。――それは今だ。今日をしっかり生き、明日をあてにしない。死の後に永遠があるのではない。永遠は我々の命の一秒一秒に存在し、我々はその瞬間瞬間に身を置く。命は自分でコントロールできるという考えをやめさえすれば永遠を手に入れることができる。月は白雪の上に輝き、惑星は恒星のまわりを公転し、ブラックホールは天の星を呑み込む。このような自然現象を変えることはできない、ならば自然のままにまかせよう。我々の日常生活は宇宙の一部であり、偉大な太陽の光を反射する大海の一滴のようなものだ。太陽の軌道を変えることができないのと同じように、人生のあらゆる事は自分で決めることはできない。だから我々は悲しみを受け入れ、喜びを大事にし、人生を楽しもう。

現代社会において、人は自分を二〇％しか生きていない。この二〇％とは、成功や失敗といった外的基準を受け入れることによって決まるものであり、人はこの二〇％のために多大な労力を費やす。しかし、残りの八〇％の人生は簡単に手に入れることができる。自然の法則に従うだけで人生は惜しみなく多くのものをあたえてくれる。自宅から仕事場までのあいだには数え切れないほどの小さな幸福がある。一匹のリスがそばを通り過ぎ、一粒の雨水がその身にふりかかり、一人の見知らぬ人が挨拶をしてくれる……。気をつけさえすれば幸福はすぐに見つかる。特に何かをする必要はない、すべては自然にうまくいく。

何もしないこと（無為）とすべてを為すこと（無不為）は人生という航路を進むための両翼である。人生いつも抵抗ばかりしていては窮屈だ。人が人生において努力すべきは無為と無不為の実現であって抵抗だけではないと思う。無為には勇気がいるが、自由をもたらしてくれる。悩んだり迷ったりする必要はない、軽やかに受け止めればよい。砂浜に静かに座っているのは無為であり、海原を勇ましく泳ぐのは無不為である。無為と無不為のあいだを遮（さえぎ）るものはない。悩んだり迷ったりすることなく、無為と無不為を軽やかに行き交えば我々は自由になれる。

無為と無不為のあいだでためらってはいけない。他人の考えにかき乱されてはいけない。自然の声に耳を傾け、自分のために生きよう。命の尽きるときになって初めて、あくせくと無駄に一生を過ごしたと気づきたくはないだろう。人生の豊かさを体感しなくてはいけない。そうすればこの世を去るとき、

「なぜこうしなかったのだろう」とか「どうしてあんなことを」などと言うことはない。「なんの悔いもなくここまで来た。無為もやった、無不為もやった。もうこれで終わりだが、実に楽しい旅だった」と言えるだろう。

チーグアン・ジャオ
ミネソタ州ノースフィールドにて
二〇〇八年八月

著者紹介

チーグアン・ジャオ

1948年北京生まれ。カールトン・カレッジで教授に任じられたほか、同済大学特別招聘教授、清華大学客員研究員などを歴任。中国社会科学院大学院で英米文学修士号を、マサチューセッツ大学で比較文学博士号を取得。カールトン・カレッジでは中国語コースを開設し、中国語、中国文学、比較文学、道家哲学などの指導にあたった。

著作に“A Study of Dragon, East and West”、“Do Nothing & Do Everything” 中国語の著作には『古道新理』、『老子的智慧』、『世路心程』、『客舟聴雨』、『コンラッド小説選』などがある。中国語名は趙啓光。

2015年3月、マイアミでの遊泳中の事故により永眠。同年末、ミネソタ州の『スター・トリビューン』紙で市民名誉賞の「北極オーロラの星」に選ばれた。

監訳者紹介

日中翻訳学院（にっちゅうほんやくがくいん）

日本僑報社が2008年9月に創設した出版翻訳プロ養成スクール。

訳者紹介

町田晶（まちだ あきら）

東北大学文学部東洋日本美術史専攻、東北大学大学院文学研究科中国哲学専攻。学生時代の一人旅で中国文化の奥深さと中国人の温かさに触れたことをきっかけに本格的な中国語学習を開始、その後地域での国際交流活動に参加するなかで文化交流の大切さも学ぶ。日中翻訳学院などで翻訳の専門的な訓練を受けた。翻訳者として得意とする分野は思想、哲学、文学、食文化等。

アメリカの名門 Carleton College 発、全米で人気を博した

悩まない心をつくる人生講義 タオイズムの教えを現代に活かす

2016年4月4日　初版第1刷発行

著　者　　チーグアン・ジャオ

訳　者　　町田晶（まちだ あきら）

編集協力　Danica Z. D

発行者　　段景子

発売所　　株式会社 日本僑報社

〒171-0021 東京都豊島区西池袋3-17-15

TEL03-5956-2808　FAX03-5956-2809

info@duan.jp

http://jp.duan.jp

中国研究書店 http://duan.jp

2015 Printed in Japan.　ISBN 978-4-86185-215-2　C0036

豊子愷児童文学全集（全7巻）

少年美術故事（原書タイトル）

四六判 並製　1500円＋税
ISBN 978-4-86185-189-6

中学生小品（原書タイトル）

四六判 並製　1500円＋税
ISBN 978-4-86185-191-9

華瞻的日記（原書タイトル）

四六判 並製　1500円＋税
ISBN 978-4-86185-192-6

給我的孩子們（原書タイトル）

四六判 並製　1500円＋税
ISBN 978-4-86185-194-0

一角札の冒険

次から次へと人手に渡る「一角札」のボク。社会の裏側を旅してたどり着いた先は……。世界中で愛されている中国児童文学の名作。

四六判 並製　1500円＋税
ISBN 978-4-86185-190-2

2015年10月から
順次刊行中！

※既刊書以外は中国語版の表紙を表示しています。

少年音楽物語

家族を「ドレミ」に例えると？音楽に興味を持ち始めた少年のお話を通して音楽への思いを伝える。

四六判 並製　1500円＋税
ISBN 978-4-86185-193-3

博士と幽霊

霊など信じなかった博士が見た幽霊の正体とは？人間の心理描写を鋭く、ときにユーモラスに描く。

四六判 並製　1500円＋税
ISBN 978-4-86185-195-7

好評既刊書籍

春草
～道なき道を歩み続ける中国女性の半生記～

裘山山 著　于暁飛 監修
徳田好美・隅田和行 訳

中国の女性作家・裘山山氏のベストセラー小説で、中国でテレビドラマ化され大反響を呼んだ『春草』の日本語版。

四六判 448 頁 並製　定価 2300 円＋税
2015 年刊　ISBN 978-4-86185-181-0

パラサイトの宴

山本要 著

現代中国が抱える闇の中で日本人ビジネスマンが生き残るための秘策とは？
中国社会の深層を見つめる傑作ビジネス小説。

四六判 224 頁 並製　定価 1400 円＋税
2015 年刊　ISBN 978-4-86185-196-4

必読！今、中国が面白い Vol.9
中国が解る 60 編

而立会 訳
三潴正道 監訳

『人民日報』掲載記事から多角的かつ客観的に「中国の今」を紹介する人気シリーズ第 9 弾！　多数のメディアに取り上げられ、毎年注目を集めている人気シリーズ

A5 判 338 頁 並製　定価 2600 円＋税
2015 年刊　ISBN 978-4-86185-187-2

新疆物語
～絵本でめぐるシルクロード～

王麒誠 著
本田朋子（日中翻訳学院）訳

異国情緒あふれるシルクロードの世界
日本ではあまり知られていない新疆の魅力がぎっしり詰まった中国のベストセラーを全ページカラー印刷で初翻訳。

A5 判 182 頁 並製　定価 980 円＋税
2015 年刊　ISBN 978-4-86185-179-7

同じ漢字で意味が違う
日本語と中国語の落し穴
用例で身につく「日中同字異義語 100」

久佐賀義光 著
王達 監修

"同字異義語" を楽しく解説した人気コラムが書籍化！中国語学習者だけでなく一般の方にも。漢字への理解が深まり話題も豊富に。

四六判 252 頁 並製　定価 1900 円＋税
2015 年刊　ISBN 978-4-86185-177-3

夢幻のミーナ

龍九尾 著

不登校の親友のために新学期のクラスで友達を作らず次第に孤立する中学二年生のナミ。寂しさ募るある日、ワインレッドの絵筆に乗る魔女ミーナと出会った。

文庫判 101 頁 並製　定価 980 円＋税
2015 年刊　ISBN 978-4-86185-203-9

現代中国における農民出稼ぎと社会構造変動に関する研究

江秋鳳 著

「華人学術賞」受賞！
神戸大学大学院浅野慎一教授推薦！
中国の農民出稼ぎ労働の社会的意義を、出稼ぎ農民・留守家族・帰郷者への徹底した実態調査で解き明かす。

A5 判 220 頁 上製　定価 6800 円＋税
2015 年刊　ISBN 978-4-86185-170-4

中国出版産業データブック　vol.1

国家新聞出版ラジオ映画
テレビ総局図書出版管理局 著
井田綾 / 舩山明音 訳　張景子 監修

デジタル化・海外進出など変わりゆく中国出版業界の最新動向を網羅。
出版・メディア関係者ら必携の第一弾、日本初公開！

A5 判 248 頁 並製　定価 2800 円＋税
2015 年刊　ISBN 978-4-86185-180-3

好評既刊書籍

NHK特派員は見た
中国仰天ボツネタ＆㊙ネタ

加藤青延 著

中国取材歴 30 年の現 NHK 解説委員・加藤青延が現地で仕入れながらもニュースにはできなかったとっておきのボツネタを厳選して執筆。

四六判 208 頁 並製 定価 1800 円＋税
2014 年刊 ISBN 978-4-86185-174-2

「ことづくりの国」日本へ
そのための「喜怒哀楽」世界地図

関口知宏 著

鉄道の旅で知られる著者が、世界を旅してわかった日本の目指すべき指針とは「ことづくり」だった！「中国の『喜』」「韓国の『怒』」などそれぞれの国や人の特徴を知ることで、よりよい関係が構築できると解き明かす

四六判 248 頁 並製 定価 1600 円＋税
2014 年刊 ISBN 978-4-86185-173-5

必読！今、中国が面白い Vol.8
中国が解る 60 編

而立会 訳
三潴正道 監訳

『人民日報』掲載記事から多角的かつ客観的に「中国の今」を紹介する人気シリーズ第 8 弾！ 多数のメディアに取り上げられ、毎年注目を集めている人気シリーズ

A5 判 338 頁 並製 定価 2600 円＋税
2014 年刊 ISBN 978-4-86185-169-8

中国の " 穴場 " めぐり
ガイドブックに載っていない観光地

日本日中関係学会 編著

中国での滞在経験豊富なメンバーが、それら「穴場スポット」に関する情報を、地図と写真、コラムを交えて紹介する。

A5 判 160 頁 (フルカラー) 並製 定価 1500 円＋税
2014 年刊 ISBN 978-4-86185-167-4

日本の「仕事の鬼」と中国の<酒鬼>

冨田昌宏 著

鄧小平訪日で通訳を務めたベテラン外交官の新著。ビジネスで、旅行で、宴会で、中国人もあっと言わせる漢字文化の知識を集中講義！

四六判 192 頁 並製 定価 1800 円＋税
2014 年刊 ISBN 978-4-86185-165-0

大国の責任とは
～中国平和発展への道のり～

金燦栄 著
本田朋子 (日中翻訳学院) 訳

中国で国際関係学のトップに立つ著者が、ますます関心が高まる中国の国際責任について体系的かつ網羅的に解析。世界が注視する「大国責任」のあり方や、その政策の行方を知る有益な 1 冊 .

四六判 312 頁 並製 定価 2500 円＋税
2014 年刊 ISBN 978-4-86185-168-1

中日　対話か？　対抗か？
日本の「軍国主義化」と中国の「対日外交」を斬る

李東雷 著　笹川陽平 監修
牧野田亨 解説

「日本を軍国主義化する中国の政策は間違っている」。事実に基づき、客観的かつ公正な立場で中国の外交・教育を「失敗」と位置づけ、大きな議論を巻き起こした中国人民解放軍元中佐のブログ記事を書籍化。

四六判 160 頁 上製 定価 1500 円＋税
2014 年刊 ISBN 978-4-86185-171-1

「御宅（オタク）」と呼ばれても
第十回中国人の日本語作文コンクール受賞作品集

段躍中 編

今年で第十回を迎えた「中国人の日本語作文コンクール」の入選作品集。日本のサブカルの " 御宅 (オタク)" 世代たちは「ACG（アニメ、コミック、ゲーム）と私」、「中国人と公共マナー」の 2 つのテーマについてどのように考えているのか？

A5 判 240 頁 並製 定価 2000 円＋税
2014 年刊 ISBN 978-4-86185-182-7

好評既刊書籍

新結婚時代

王海鴿 著
陳建遠 / 加納安實 訳

中国の現代小説を代表する超ベストセラー。都会で生まれ育った妻と、農村育ちの夫。都市と農村、それぞれの実家の親兄弟、妻の親友の不倫が夫婦生活に次々と波紋をもたらす

A5 判 368 頁 並製　定価 2200 円＋税
2013 年刊　ISBN 978-4-86185-150-6

中国漢字を読み解く
～簡体字・ピンインもらくらく～

前田晃 著

簡体字の誕生について歴史的かつ理論的に解説。三千数百字という日中で使われる漢字を整理。初学者だけでなく、簡体字成立の歴史的背景を知りたい方にも最適。

A5 判 186 頁 並製　定価 1800 円＋税
2013 年刊　ISBN 978-4-86185-146-9

必読！今、中国が面白い 2013-14
中国が解る 60 編

而立会 訳
三潴正道 監訳

『人民日報』掲載記事から多角的かつ客観的に「中国の今」を紹介する人気シリーズ第 7 弾！　多数のメディアに取り上げられ、毎年注目を集めている人気シリーズ

A5 判 352 頁 並製　定価 2600 円＋税
2013 年刊　ISBN 978-4-86185-151-3

中国の未来

金燦栄 著
東滋子（日中翻訳学院）訳

今や GDP 世界第二位の中国の未来は？
国際関係学のトップに立つ著者が、
ミクロとマクロの視点から探る中国の真実の姿と進むべき道。

四六判 240 頁 並製　定価 1900 円＋税
2013 年刊　ISBN 978-4-86185-139-1

夫婦の「日中・日本語交流」
～四半世紀の全記録～

大森和夫・弘子 編著

「日本で学ぶ留学生や、海外で日本語を学ぶ一人でも多くの学生に、日本を好きになってほしい」。そんな思いで、49 歳で新聞社を辞め、夫婦で日本語の学習情報誌「季刊誌『日本』」を発行。夫婦二人三脚 25 年の軌跡。

A5 判 240 頁 並製　定価 1900 円＋税
2013 年刊　ISBN 978-4-86185-155-1

大きな愛に境界はない
―小島精神と新疆 30 年

韓子勇 編
趙新利 訳

この本に記載されている小島先生の事跡は、日中両国の財産であり、特に今の日中関係改善に役にたつと思う。
―日本語版序より

A5 判 180 頁 並製　定価 1200 円＋税
2013 年刊　ISBN 978-4-86185-148-3

中国都市部における中年期男女の夫婦関係に関する質的研究

于建明 著

石原邦雄成城大学教授 推薦
藤崎宏子お茶の水女子大学大学院教授 推薦

中年期にある北京の男女三十数ケースについて、極めて詳細なインタビューを実施し、彼女らの夫婦関係の実像を丁寧に浮かび上がらせる。

A5 判 296 頁 上製　定価 6800 円＋税
2013 年刊　ISBN 978-4-86185-144-5

中国は主張する
―望海楼札記

葉小文 著　多田敏宏 訳

「望海楼」は人民日報海外版の連載中コラムであり、公的な「中国の言い分」に近い。著者は日本僑報社の事情にも詳しく、「中国の言い分」を知り、中国を理解するための最高の書。

A5 判 260 頁 並製　定価 3500 円＋税
2013 年刊　ISBN 978-4-86185-124-7

中国人の価値観

◎ 国際化する日本のための必須知識 ◎

かつて「礼節の国」と呼ばれた
中国に何が起こったのか？

北京大学教授による現代中国考！
伝統的価値観と現代中国の価値観を探る

かつて「礼節の国」と呼ばれた中国に何が起こったのか？長い儒教社会の伝統の中で育まれてきた価値観と現在の価値観にはどのような関係があるのか？
価値観の変遷を探れば中国人の変わらぬ本質が見えてくる。グローバル化する日本のための必須知識。北京大学教授が語る中国人の価値観。

著 者　宇文利
訳 者　重松なほ
定 価　1800円＋税
ISBN　978-4-86185-210-7

第11回中国人の日本語作文コンクール受賞作品集

なんでそうなるの？
中国の若者は日本のココが理解できない

コンクール史上最多となる4749本の応募作のうち
上位入賞の71本を収録！！

一編一編の作文が未来への架け橋

今回のテーマは、「日中青年交流について——戦後70年目に両国の青年交流を考える」「『なんでそうなるの？』——中国の若者は日本のここが理解できない」「わたしの先生はすごい——第１回日本語教師『総選挙』ｉｎ中国」の３つで、硬軟織り交ぜた課題となった。

そのうち上位入賞作を一挙掲載した本書には、一般の日本人にはあまり知られない中国の若者たちの等身大の姿や、ユニークな「生の声」がうかがい知れる力作がそろっている。

編者　段躍中
定価　2000円＋税
ISBN　978-4-86185-208-4